蔡志忠作品

蔡志忠 編繪

Tsai Chih-chung

Interpreting Zhuangzi

莊子解密

目錄

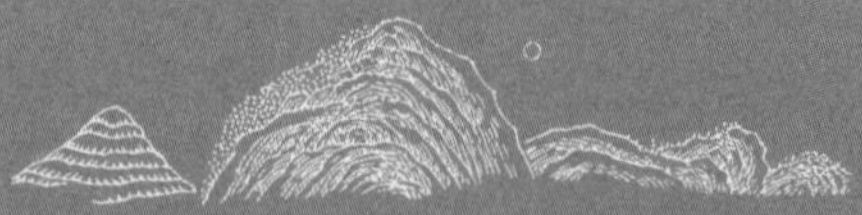

序

真理只有一種

我出版了一系列儒家、道家、佛學、禪宗思想漫畫。

別人常問我：「你是個天主教徒，畫了這麼多種不同思想的漫畫，請問它們之間有什麼不一樣？」

「人站在山腳下，每個人所看到的都不同，爬到半山腰時，看到的景象有很多相同，但是當大家都爬到山頂時，每個人看到的景色都一樣。」

不同宗派，雖然教法各有不同，然而佛陀、道家、禪宗的開悟者或黎巴嫩的紀伯倫，無論他們透過希伯來文、英文、印度文、中文，所說的真理其實都相同。

例如蘇菲回教苦行教派的哲理和師徒關係，就像道家學派，他們也以靜坐、默思、練氣、苦行的修行方法尋求開悟，非常禪宗。講三個不同教派，但是都跟道家學說有雷同之處的故事：

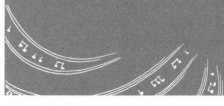

自己是開悟的障礙

信徒問蘇菲說：「你是如何開悟的？」

蘇菲說：「是因為一隻狗，我才開悟的。」

信徒問：「狗是你開悟的導師？」

蘇菲說：「有一天我看到一隻狗站在水邊快渴死了。每次牠探頭到水邊想喝水，就嚇一跳，因為水裡有一隻狗。」

信徒又問：「然後呢？」

蘇菲說：「最後牠渴得實在受不了，顧不得恐懼便縱身躍進水中，發現水中的狗不見了，原來無法喝水解渴的障礙只是自己的倒影。

「由這件事我發現隔著我的障礙是我自己，於是障礙便消失而頓悟了。」

真正的慈悲

一個小偷進入蘇菲的屋子，找了半天沒找到任何值得偷之物。蘇菲便把自己睡臥的毯子丟給他，以免他一無所得空手而歸。

導師才要更小心

海珊帶著他的學生們到森林裡，這時他看見一個醉漢正想涉過一片沼澤。於是海珊便對著他大喊：「人啊！你要小心啊！別走錯了踩進沼澤會沉下去啊。」醉漢回頭說：「嘿！你才應該小心啊！我走錯路，沉下去的只是我一人。如果你走錯了，沉下去的還有一大群追隨你的學生們。」

前兩則故事簡直就是禪宗公案。第三則故事則與道家的觀念一樣，一個人沒得道之前不可以名聲高過實質。

如同列子的這則故事：

列子驚懼
列子到齊國，半途又折回，遇到伯昏無人。
為什麼中途回來？
因為我心中害怕……
為什麼害怕？
我到十家賣漿店吃飯，有五家很快的先送給我吃。
先給你上菜！
！
這又有什麼好怕的？
一定是我內心誠靜不夠，舉動輕浮而空有威儀，而這個空架式使人心服。
賣漿者只是做小生意的人，就這樣競相爭取用我，何況萬乘的君王？如果他也想用我擔任國士，考核我的功績，那我將怎麼辦？
你體察得很入微，你只要靜居一處，自然會有人來歸附你。
是。

不久，伯昏無人又去看列子。
他看到列子的門外鞋子都排滿了。
列子，有人找你！
老師！既然來了，為什麼不指教我就要走了呢？
算了！我早就告訴你要含藏葆光，不要露了形跡！現在你讓人來歸附你，卻不能使人不歸附你，這便是你露出了與眾不同的痕跡啊！
……是
光芒外露，引來很多人，這是小聰明，而不是大智慧。

《莊子》注

《莊子》一書著作於戰國時代，當時道家主流是黃老之術，直到東晉時，《莊子》才受世人關注。由於三國時代，戰爭頻繁社會紛爭，有志之士目睹諸侯征戰的殘酷，於是開始盛行玄學。

六朝清談之風大盛，老莊學說便成為道家思想的主流，這時《莊子》才受世人重視。東晉注釋《莊子》有幾十家，可是沒人能探索到它的要領。直到向秀另求新解，精到分析，美妙意趣，使《莊子》玄奧意旨暢達。

但是，其中〈秋水〉、〈至樂〉兩篇還沒完成，向秀就死了。

郭象才智出眾，但人品不好。

向秀所釋新義當時沒有流傳於世，郭象便自己增注了〈秋水〉、〈至樂〉兩篇，又改〈馬蹄〉的注，其餘各篇只改一下文句，便以自己的名字公諸於世。

後來向秀釋義的副本被發現了，人們才驚覺向秀、郭象兩本《莊子注》，內容是一樣的。

除了向秀、郭象之外，晉人司馬彪、崔撰等人也紛紛為《莊子》作注。

禪道相通

老莊思想受佛教僧人推崇，直接影響魏晉時期玄學佛學合流的趨勢。

魏晉南北朝時代，很多僧人都是般若、老莊一起談，思想上基本不分彼此。

天竺高僧鳩摩羅什門下十哲四聖，都是精研老莊的學者。

鳩摩羅什的弟子僧肇是著名佛學理論家，他以老莊思想為中心，要發展般若中觀學說，創出中國化佛教哲學體系。

後來佛教結合道家形成天台宗、華嚴宗、禪宗等中國式的佛教派別，尤其是禪宗的「無我」和道家所提倡「忘我」幾乎完全一樣。

禪，藉教悟宗，透過佛陀的教導，悟出禪宗的真諦。

特屬於中國的禪宗，其實含有很多中國道家思想，例如：

佛陀說：「什麼是空的最高境界？

當我們看的時候，別想它怎麼來；事情過後，別想它怎麼去。

無我地隨著變化而變化的行為，而沒有行為的那個我存在！這就是空的最高境界。」

佛陀對空的注解，跟莊子的「至人用心若鏡」幾乎完全一樣。

莊子說：「開悟者們把自己的心當成一面鏡子，事情來了完全反映，事情過了又回復成空，不站在自己的立場去評斷際遇的好壞順逆，他的心只是如實反映當下，因此不會損傷。」

支道林解〈逍遙遊〉

後來六祖惠能也把心形容為鏡子：

菩提本無樹，明鏡亦非台。
本來無一物，何處染塵埃？

出自六朝的《世說新語》有一則東晉高僧支道林禪師談《莊子・逍遙遊》的故事：東晉名流們很喜歡鑽研《莊子》，但對〈逍遙遊〉這篇的義理卻無法超出郭象和向秀的闡述。

有一次，高僧支道林在白馬寺和太常馮懷一起談到《莊子・逍遙遊》。
支道林在郭象和向秀兩家見解之外，卓越揭示新穎義理，達到六朝諸名流未竟之界。

後來東晉文人解釋〈逍遙遊〉時，便採用支道林所闡明的義理。

王羲之出任會稽內史，初到任時支道林也在會稽。

當時的詩壇領袖孫興公對王羲之說：「高僧支道林對《莊子》的見解很新穎，我想介紹你們相互認識。」

孫興公和支道林便坐車到王羲之那裡，王羲之本來就很輕視支道林，故意不和他交談，不一會兒支道林便告退了。

有一天，支道林碰到王羲之剛要外出，車子已在門外等待，支道林對王羲之說：「您還不能走，我和您談一下。」

支道林談起〈逍遙遊〉洋洋數千言，才氣不凡，辭藻新奇，如繁花燦爛。聽得王羲之留戀不止，脫下外衣忘了出門。

道家重視不言之教，沒有嚴格的組織和師承關係，跟禪宗老師在叢林「以身作則、不立文字、教外別傳」很像。

禪與道相通，禪師特別容易瞭解《莊子》，道家學者也容易瞭解禪。

師法自然

真理只有一個，佛學與道家相通，佛陀、莊子、紀伯倫無論透過什麼語言，他們所指的「道」也相通。對於不為外物所役使，身、心、外物三者皆空，才能獲得真正逍遙的精神自由，說法大都相同。

僧肇寫了一本《肇論》，融合了儒、釋、道三家。明代更將儒、釋、道的哲學思想整理為三家合一的勸世箴語《菜根譚》。《金剛經》是佛陀對十大弟子解空第一須菩提講解空的真諦，而《心經》則是佛陀以開悟者的角度，闡明開悟境界。

《老子》和《莊子》有如《金剛經》與《心經》一樣，老子是道家創始人，老子像一位善解人意的長者，他在《道德經》中談到道的起源、無為之德、柔弱之妙，教導我們要跟水學習等等。

而《莊子》則是以開悟者的角度，直截了當點明智者所達到的境界。《莊子》於第一章〈大宗師〉，便開宗明義地指出人不要自心造作，要師法自然。

以老莊為鑑

有人問我說：「你畫漫畫諸子百家，你自己喜歡老子？還是莊子？」

我回答說：「老子是我的偶像，而我則是莊子。」當然我不是真的自大到敢跟偉大的莊子相比，只是自我感覺很像莊子，博君一笑而已。

整套漫畫中國思想系列漫畫，我個人最喜歡《莊子說》與《禪說》這兩本書，因為我最認同莊子思想和觀念，而《禪說》是我用心最多，其中很多故事是我自己編的。

我是老子、紀伯倫、愛因斯坦的粉絲。如果有一天我一個人流落於海洋中十平方公尺左右的孤島，身上只能帶一件東西，我會帶一本紀伯倫的《沙與泡沫》。

紀伯倫說真理需要兩個人來發現：由一個人負責講出真理，由另一個人來瞭解真理。很高興今天寫了這本《莊子解密》，希望透過這本書，另一個瞭解真理的就是你。

錯誤的路有千萬條，然而真理只有一種，

只要是真理，所指的都相同，

無論它以什麼語言文字表現。

注：本書每一章最後，會有引自紀伯倫《沙與泡沫》的片語，內文中不再注明出處。

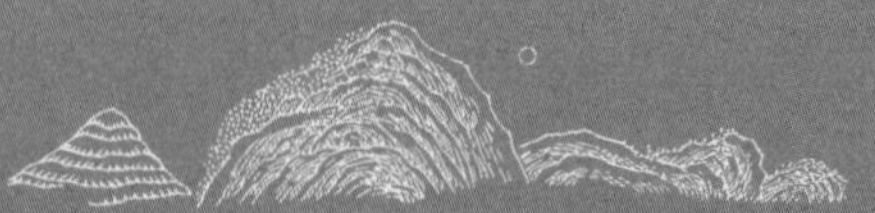

第 I 章

莊子的身世之謎

莊子姓莊，名周，戰國時代宋國人。

生於劇烈動盪的時代，他曾做過宋國蒙地方的漆園吏，與孟子、楚威王、梁惠王、齊宣王同時期。

《莊子》這本書裡，很多寓言故事都跟楚國有關，書中也經常以楚王作為故事角色，莊子宣稱楚王兩度派人邀請他到楚國當官。

楚國是大國，為何楚王要千里迢迢請一個宋國的漆園吏去當大官

呢？而莊子竟還不願意去？莊子到底是誰？

宋代史學家鄭樵在《通志・氏族略》中兩次提到，莊子出於楚莊王。

鄭樵的說法是以唐代之前的牒譜文獻為據：「莊氏出於楚莊王，僖氏出於魯僖公。康氏者，衛康叔之後也。宣氏者，魯宣伯之後也」。

另外，澳門大學講座楊義教授也在他的〈莊子身世之謎〉這篇文章裡，判斷莊子是楚莊王後代。

我很贊同鄭樵和楊義教授所言莊子是楚莊王後代的說法。

一鳴驚人

楚莊王是楚穆王之子，穆王去世後，楚莊王即位，三年不理政務，整日打獵喝酒，花天酒地，大夫們個個心急如焚。

右司馬伍舉問楚莊王說：「有隻棲息南方土丘的鳥，三年不展翅，不鳴叫，沉默無聲，這是什麼鳥？」

莊王說：「這隻鳥三年不飛，一飛沖天；三年不鳴，一鳴驚人。」

半年後，莊王親自處理政事。廢棄十件事情，舉辦九件事情，懲處大臣五人，提拔六位學者，將國家治理得很好。

楚莊王又起兵征討，在徐州打敗齊國；在黃河與衡雍之間戰勝晉國；在本國會合諸侯稱霸天下，成為春秋五霸之一。

他飲馬黃河、問鼎中原，將楚國的勢力發展到靠近洛陽一帶。

趨宋離楚

如果莊子是楚莊王後代，為何會居留宋國？

楚莊王的直系傳承王位，旁系在三代以後就可以用他的謚號「莊」作為姓氏。

莊子出生之前十幾年，吳起投奔楚國時主持變法改革，危害貴族的利益。

楚悼王去世，楚國貴族趁機發動兵變攻殺吳起，並用箭射傷他，吳起逃到楚悼王停屍處大喊：「群臣叛亂，謀害我王。」貴族們射殺吳起時，也射中了楚悼王屍體。

楚國法律規定，傷害國王屍體屬於重罪，將被誅滅三族。

楚肅王繼位後，命令尹把射殺吳起，射中楚悼王屍體的人全部處死，沒收封地，受牽連被滅族的多達七十多家。很多貴族紛紛逃奔出國，莊子的祖先應該是這時逃到宋國的。因此莊子在書中絕口不提自己的身世。

楚王派人來聘時，他也有所忌憚，說自己不當死後在宗廟占卜的神龜，寧願當在河溝裡自由自在的烏龜，似乎意味著這邀請隱藏著殺身之禍的潛在危險。

兩個楚國使者好像本來就知道莊子是楚莊王後代，也替他擔心回到楚國可能遭受清算，因此心照不宣地說：「你還是當在河溝裡打滾的烏龜吧。」

污泥中的龜
1
莊子正在濮水上釣魚，有兩個楚王的使者來拜訪。
我們大王想把國事託付給你，先生願意下山嗎？
2
我聽說楚國有一隻神龜，死了三千年了，牠的骨頭還被放在宗廟裡做占卜用。你說，牠寧願送了性命，留下骨頭讓人尊貴好呢，
3
還是寧願活著在爛泥巴裡打滾好呢？
4
牠一定願意在爛泥巴裡打滾！
5
！
你們可以回去了。我也是願意拖著尾巴在爛泥裡打滾。
為了世俗的尊貴、權力而喪失自己的本性，就是大迷惑。

渾沌之死
1
南海的帝王名叫儵，北海的帝王名叫忽，中央的帝王名叫渾沌。
2
儵和忽常常跑到渾沌住的地方去玩，渾沌對他們很好。
3
人都有七竅，用來看、聽、吃、呼吸，而渾沌偏偏沒有，我們何不把它鑿開，作為禮物？
好啊！
4
儵和忽每天替渾沌開一竅，
5
每天開一竅……
6
七天後，渾沌就死了。
無為自然的本性，若被加上智巧、機巧等小聰明，本性將遭到破壞而死亡。

第2章

先秦諸子百家

兩千五百多年前，世界幾個古老文明都呈現極為燦爛的狀態，一些傑出的學者和思想家紛紛產生。

希臘有大哲學家泰勒斯、畢達哥拉斯、赫拉克利特、巴門尼德、芝諾和蘇格拉底、柏拉圖、亞里斯多德。

印度則出現與婆羅門教相對立的沙門思潮，有佛教創始人釋迦牟尼、耆那教創立者大雄、順世派阿耆多、不可知論派散惹耶、生活派末伽黎俱舍羅等學派。

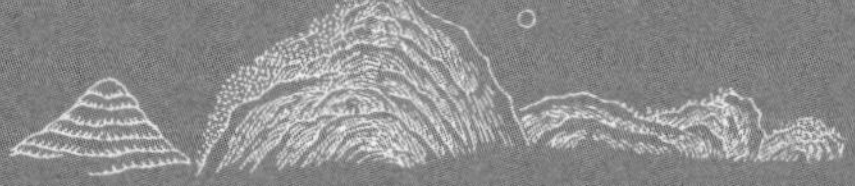

而中國春秋戰國之際，周朝已經名存實亡，諸侯兵戎相見，群雄割據爭霸天下，人們目睹征戰之苦和社會黑暗與殘暴，因而思想家們紛紛著書提出各種理論，百家齊放，試圖找出解決之道。

當時人才輩出，有儒家、道家、墨家、法家、陰陽家、名家、兵家、縱橫家、農家、雜家等百家爭鳴。

其中以儒、道、墨、法四家影響最大。

儒家思想

儒家學說是由孔子所創立的，乃繼承夏、商、周三代傳統文化所形成的思想體系。

孔子說：

「吾道一以貫之，無非忠恕兩字而已。」

儒家要求作為君子要有志氣有理想，通過學習，使自己成為知識分子。

「學而優則仕」，學成之後到社會當官做事。

對內要做到「忠」：作為自己要有自知之明，注重修養，汲取別人長處，在家孝順父母尊敬師長，對朋友言而有信，講義氣。

為官要清廉愛民，對待上司要忠誠，扮演好自己的角色，做好分內的事。

對外要做到「恕」：與人相處要站在對方的立場思考，處處為別人著想，人際關係要和諧。

確實做好君臣、官民、朋友、師生、父子、夫妻、兄弟之間關係。

忠恕做到止於至善，為人處世達到完美道德人格，就是「仁」。

仁就是人與人之間的和諧關係。

仁者與智者

孔子說：

「仁者安仁，智者利仁。」

「智者不惑，仁者不憂，勇者不懼。」

「智者樂水，仁者樂山；智者動，仁者靜；智者樂，仁者壽。」

孔子把智者與仁者相提並論，智者的最高境界是「開悟者」，仁者的最高境界即是「聖人」。

聖人修養到達極致，為人處世已達最高境界，無論他做什麼，都能從心所欲不踰矩。

智者跟仁者很不相同，儒家學者一生修養自己，而達到仁者的境界。

仁者氣宇非凡、仰之彌高，讓我們尊敬。

智者有如天生，觀念與思考和凡人不同，他們自在悠然，令我們羨慕。

不同反應

端一盤切好的西瓜到後院湖邊準備吃的時候，牙籤不小心掉進桌面縫裡。花幾個鐘頭，非把牙籤拿出來不可的是傻瓜。

平靜優雅地回廚房拿牙籤的是儒家仁者。

想都不想，直接用手拿西瓜吃的是禪宗的開悟者和道家智者。

智者的智慧

沙漠綠洲有一位年紀很大的導師，臨死前對他的三個弟子說：「我留下十七隻駱駝給你們，大弟子分得一半、二弟子得三分之一、三弟子得九分之一。誰能正確分好這十七隻駱駝，他就是你們的導師。」

師父去世後，弟子們到處參訪智者，詢問誰能正確地分十七隻駱駝。

有人說：「這遺囑不能執行，應該作廢。」

有人說：「師父要你們一起養，三個弟子同住在一起。」

又有人說：「把牠們賣了，再按比例分錢。」

但三位弟子知道老師的遺言一定內含某種智慧，最後來到智者門前。

智者說：「我先借你們一隻駱駝，那麼現在共有十八隻駱駝。」

大弟子說：「是的。」

智者說：「大弟子得一半，是九隻；弟子得三分之一，是六隻；三弟子得九分之一，是兩隻。」

二弟子說：「九加六加二等於十七隻駱駝。」

三弟子說：「這樣還剩下一隻駱駝啊。」

智者說：「剩下一隻駱駝是我借你們的，該歸還給我。」

於是三位弟子終於找到整個綠洲最有智慧的智者，成為他們的導師。

仁義之害
1
上古時代，人民居家非常滿足，混混沌沌的，極端適意。
2
隨隨便便的，挺胸疊肚四出遊散。
3
等到聖人矯造禮樂，來匡正天下人的形體，用仁義來教化天下人的心性，
4
於是，人民就開始矜誇自己，欺詐別人，競爭利益，無法禁止。
大道廢，有仁義；智慧出，有大偽；上古的時候，人民誠實，不識不知，根本沒有虛偽，何必需要仁義呢？

道家思想

道家老莊思想，是中國哲學史上唯一能與儒家思想分庭抗禮的偉大學說，在中國思想發展史上的地位絕不低於儒家和佛家。

老子在周室藏書室當官，他集古聖先賢的智慧精華，悟通人在自然宇宙中的處世之道，著作《道德經》，成為道家思想的創始人。

儒家崇尚「仁義」，道家思想的精華是「道德」。

道，是超越時空的無窮本體，它生於天地萬物之間，而又無所不包，無所不在，呈現在一切事物中。

老子說：

「失道而後德，失德而後仁，失仁而後義，失義而後禮。」

老子認為人自以為聰明，以智取巧，這是愚昧的根源。當社會需要以禮法維繫時，虛偽巧詐也就產生了，禍亂就跟著來了。因此老子要求人們要守質樸的大道，不要虛偽的巧智。捨棄禮智的浮華，取用道的厚實。

為君之道，治大國如烹小鮮，應因天循道、守雌用雄、君逸臣勞、清靜無為、因俗簡禮、休養生息、依法治國、寬刑簡政。以無為而治的方式治理國家。

道家智者

道家的智者跟儒家的仁者很不相像，儒家聖人孔子為了推廣自己的治國理念，周遊列國十四年，受盡委屈。

而道家智者老子、莊子、孫武、范蠡、張良等人都充滿智慧，他們不歆羨名利，不以追求名利為志業，但都能於天下無道時，挺身而出有所作為，天下太平之後，又能看淡世間名利功成身退。

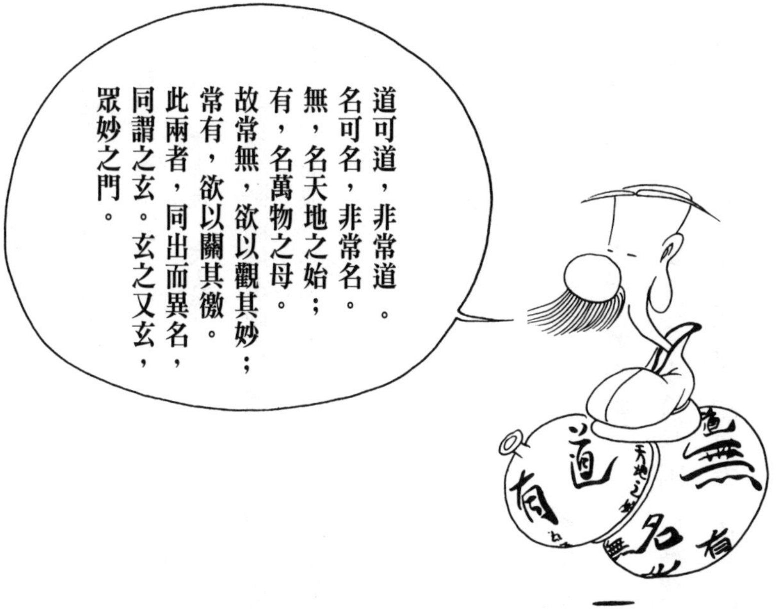
道可道，非常道。名可名，非常名。無，名天地之始；有，名萬物之母。故常無，欲以觀其妙；常有，欲以闚其徼。此兩者，同出而異名，同謂之玄。玄之又玄，眾妙之門。

「道」是這樣這樣如此這般……
啊！我懂了！
錯了，「道」如果可以說得明白，解釋得清楚，就不是「道」了。
「道」包含萬物之理，沒有形狀，沒有實體，沒有聲音，並且永恆不變，這道理不是用語言、文字所能解說明白的。

老子

老子胸襟很大，看得很遼遠，老子說：

「道大，天大，地大，人亦大。域中有四大，而人居其一焉。人法地，地法天，天法道，道法自然。」

老子安於終生當個周室藏書管理官員，晚年隱退時，也沒想要把自己的思想著書以揚名立萬。他退休要出函谷關時，受總兵尹喜苦求，才寫下五千零七個字的《道德經》。

莊子

莊子想像力極為豐富，語言運用自如，靈活多變，除了短暫做過宋國蒙地漆園吏之外，他崇尚自由，不應楚威王之聘。

他看透官場黑暗，厭惡仕途，安於貧困，居陋巷，向人借糧，穿粗布衣破鞋，甘於藏身隱居著書，成為先秦道家學派的代表人物和戰國時代最優秀的文學家。

范蠡

范蠡雖出身貧賤，但博學多才，是春秋末年著名的政治家、軍事家、道家和經濟學家。吳越相爭時，他幫助勾踐滅吳國，一雪會稽之恥。

范蠡功成名就之後便急流勇退，化名為鴟夷子皮到陶地經商致富。

世人稱他陶朱公，讚譽他：「忠以為國；智以保身；商以致富，成名天下。」

范蠡要離開姑蘇時，也寫信給另一位助越滅吳的大功臣文種，勸他引退：「鳥盡弓藏；兔死狗烹。越王為人可共患難，不可共富貴。」

然而文種不聽，後來有人中傷文種要作亂，越王勾踐賞賜給文種一把劍說：「你教給我攻伐吳國七條計策，我只用三條就打敗了吳國，有四條還在你那裡，你替我到先王面前嘗試一下那四條吧！」於是文種便悲憤自殺身亡。

張良

秦末，張良與韓信、蕭何並稱漢初三傑。張良幫助劉邦運籌帷幄取得天下之後，不留戀權位，自請告退，摒棄人間萬事，專心修道養精，據說晚年跟隨赤松子雲遊。

莊子的哲學中心

莊子出生時，是一個強凌弱、眾暴寡，離亂痛苦的時代。

莊子崇尚自由，不應楚威王之聘。厭惡仕途，隱居著書，成為先秦道家學派的代表。

他大都以寓言手法反映當時的社會黑暗，通過他所創造的形形色色怪異人物闡述自己的哲學理念，抨擊人為的仁義，譴責諸侯征戰造成人民禍殃的社會亂象。

現實世界的痛苦，是一個無底的陷阱，丘壟黃土下的賢者，是偉大？還是渺小？

莊子的視線，從此自人世移開，他所縱觀的乃是無窮時空。

莊子認為：「人的存在，不要從他人而畫出自己，不要從過去和未來畫出現在，不要從無價值畫出價值，不要從無限畫出有限，不要從死亡畫出生存，這樣才能超越束縛而得到自由。」

自由哲學

莊子的哲學是自由的哲學。

是把生命放入無限的時間、空間去體驗的哲學。

莊子博學縱覽、文藻華麗、目光敏銳、深通各家學說。著有《莊子》一書，全書三十三篇，據歷代學者考察，〈內篇〉是莊子本人所著，〈外篇〉是莊子門人寫的，〈雜篇〉是後人所增添的。其中〈逍遙遊〉與〈齊物論〉是莊子最重要的思想。

列子御風而行
1
列子能駕馭風飛行，輕飄飄的十分美妙。
2
他出去十五天才回來，他這種幸福，世上已是罕見的了。
3
但是，對於有道的人看來，列子並不真正自在。
4
列子雖然不必用腳走路，究竟還是要依靠風才能飛行，所以不是真正的自在逍遙。
列子能乘風遊行，但終不能無風。順天地自然的正道，窮陰陽風雨晦明大氣的極理，那麼可以遊於無窮之境，便不需倚靠什麼了。

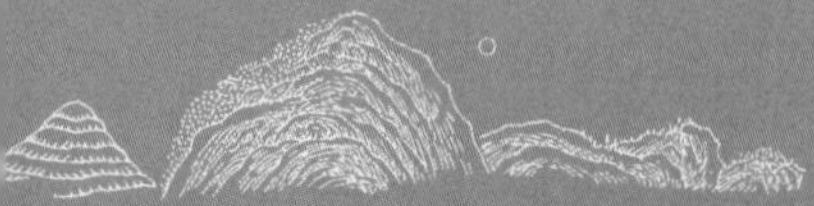

第3章 逍遙遊

莊子是老子的信徒，他在《老子》的基礎上，逐步形成了他獨特思想風格的哲學體系。

人世的生活，在莊子看來是無生命的秩序，為達到個人成就的委曲求全不是生命。

莊子所要追求的是有生命的無秩序，在亂世中不追求名利，自在逍遙地活出自己。

〈逍遙遊〉即是聽任天命，效法自然，不滯於物，追求精神自由的飄逸逍遙。

人浮遊於世間，最痛快的莫過於能像浮雲一樣無所拘束，依自己的心意在天地中逍遙自在。

忘我、無我

莊子感嘆道：

三人同行一人迷惑，還能抵達目地的，三人同行兩人迷惑，便不能抵達目標。

如今天下人都迷惑，這不令人可悲嗎？

「至人無己，神人無功，聖人無名。」

人處在一片追求功利的亂世中，要達到真正逍遙，唯有師法自然、離形去智，忘我、無我、忘卻名利才能達到。

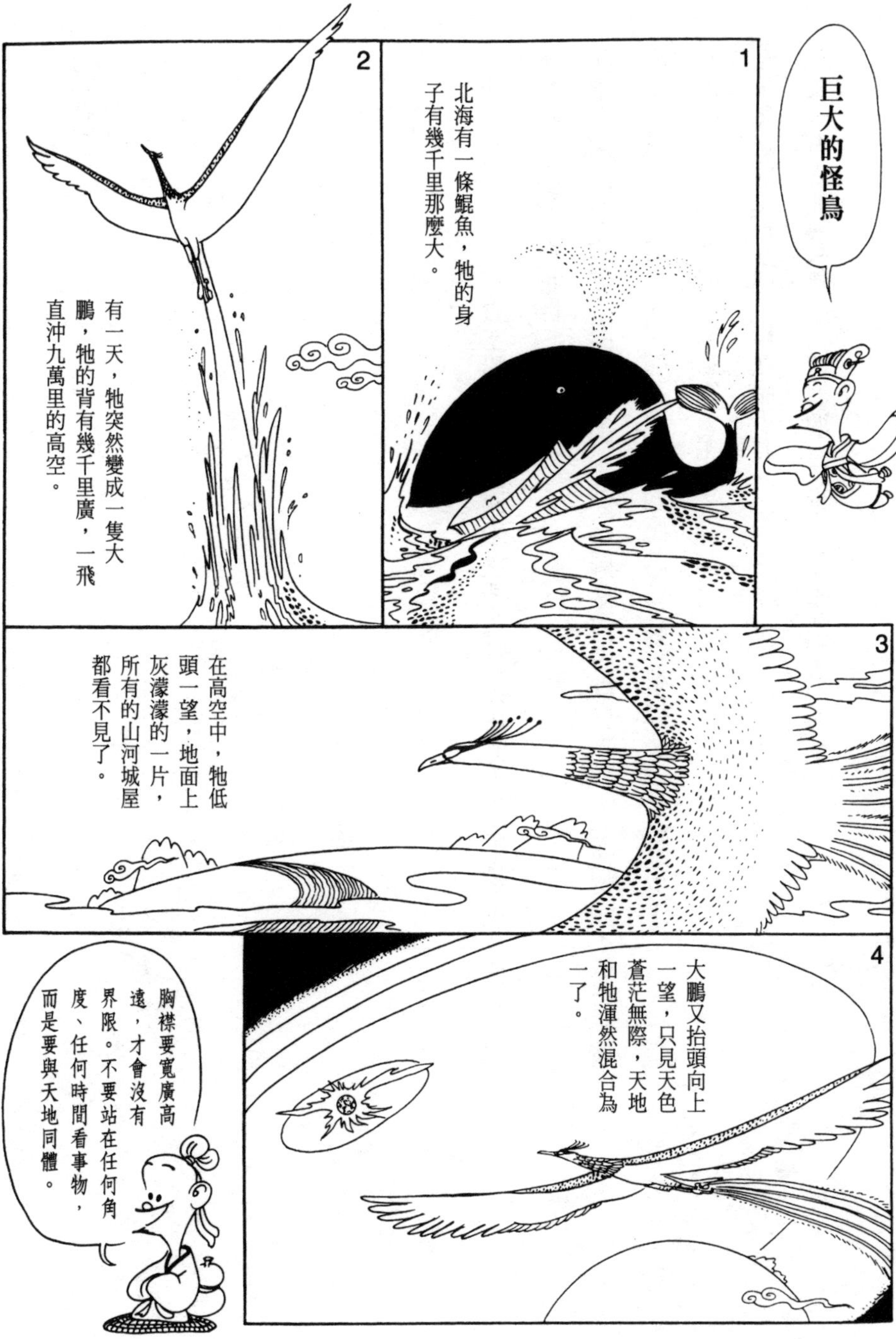
巨大的怪鳥
北海有一條鯤魚，牠的身子有幾千里那麼大。
有一天，牠突然變成一隻大鵬，牠的背有幾千里廣，一飛直沖九萬里的高空。
在高空中，牠低頭一望，地面上灰濛濛的一片，所有的山河城屋都看不見了。
大鵬又抬頭向上一望，只見天色蒼茫無際，天地和牠渾然混合為一了。
胸襟要寬廣高遠，才會沒有界限。不要站在任何角度、任何時間看事物，而是要與天地同體。

空船

一個人乘船渡河，有艘空船由上游衝過來，即使脾氣最壞的人也不會生氣；他只會用手輕輕將這艘空船推開。

如果有個人坐在船上，由上游衝過來，那麼渡河者就會大喊：「快閃開！船會相撞啊！」喊一次、喊二次、喊三次都沒回應，就算脾氣再好的人也會動怒！

為何之前不生氣？現在卻動怒了呢？

是因為之前是艘空船，現在船上有人。

如果一個人能無我無心，便能遨遊於世，有誰能傷害他呢？

至人之箭
列子表演箭術給伯昏無人看，他在手肘上放一杯水，而連續發箭，動作快得不得了……
當第一支箭剛發出去，第二支箭就已搭在弦上，整個人的動作像木偶一樣，手肘上的水一滴也不潑漏。
你這種箭術只能算是有心射箭的箭術，而不是無心射箭的箭術。
跟我來！

在這裡你還能鎮定地射箭嗎？
哇！
哇！在這裡我無法射箭啊！
真正得道的人，一腳踩著青天，一腳踩著黃泉，縱橫八極神氣不變。你現在不過是爬上高山就嚇成這樣，你的心距離大道還差得遠呢！
有心射箭只是技術巧妙，無心射箭才是道術的巧妙。要能達到忘我、忘箭，渾然與大道為一體，才能達到最上乘的箭術。

成為自己

弟子到深山跟退休的劍道高手學武藝。

師父說：「師父領進門，成就看個人。

我只能教你劍道之祕，你用心苦練十年，必然有成。」

弟子說：「學成了之後，會像老師一樣厲害？」

師父說：「不！你們會成為你們自己！」

拜師學藝為的是完成自己，而不是成為老師的山寨版。

笑聲最美

智者問弟子說：生命中什麼聲音最美最好聽？
弟子們七嘴八舌搶著說：蟬聲最美。
小鳥的叫聲最美。
溪流之聲最美。
莫札特的音樂最美。
自然的簫聲最美。
智者說：「不！這些都不能算最美最動聽。」
弟子問：「什麼聲音才是最美？」
智者說：「生命中笑聲最美！哈！哈！哈！哈！哈！哈！」
雖然莫札特的〈安魂曲〉哀怨，舒伯特的〈聖母頌〉旋律優美，貝多芬的〈快樂頌〉輕快婉約，但還有什能比人間至樂的笑聲更美？

知的極點
1
要學的人，是學他所不能學到的；
2
躬行實踐的人，是行他所不能行的；
3
辯論的人，是辯他所不能辯的。
4
知的探求，要把目標訂在他所不能知的境域。
5
如果有不是這樣的，他自然的本性就要遭受虧損。
自然的本性就是變化生生不息。重複著已經做過的、已經知道的，與死亡無異。

自然的因果

有一天，有個村莊開始專做青蛙的生意。

三杯蛙、紅燒蛙、清熬蛙，樣樣青蛙料理都舉世聞名……

直到有一天，他們賣光了所有可能找到的青蛙時，全村的人也都患熱病死了，因為，再也沒有青蛙可以吃傳染熱病的蚊子。

蚊子叮人，青蛙吃蚊子。

人們一旦開始撲殺青蛙，自己便會死於蚊子，這就是自然。

老子在《道德經》裡說到：

天地不仁，以萬物為芻狗。
聖人不仁，以百姓為芻狗。

自然有自己的法則，人違反自然必遭受自然淘汰。

天地間冥冥之中，有專司殺生者來主持生死，不需要人來代勞。

自然界的生死有自己的規律，不需要執政者用嚴刑暴政去替天殺人。

替天殺戮者，自己也將受到傷害。

你是誰？

有位蘇菲來到一座城裡，很多人圍住他問了很多很多問題：

「你叫什麼名字？」

「你從哪裡來？」

「你要去哪裡？」

「誰跟你同行？」

「你在追尋什麼？」

「你的信仰是什麼？」

蘇菲回答他們說：「雖然你們問了那麼多問題，其實你們的問題只有一個，就是『你是誰？』」

眾人齊聲問道：「對啊！你是誰？」

蘇菲回答說：「我也找尋了很久，但還沒有找到，這正是我這趟旅行的目的。」

三種惡與四種善

先知對弟子說：「人生有三種東西具有毀滅性：憤怒、貪婪、自大。」

弟子說：「那該怎麼辦？」

先知說：「這需要四種境界，能將毀滅變成創造性。」

弟子問：「哪四種境界？」

先知回答說：「四種境界是：無我、慈悲、智慧、真理。

把自己當成別人：是『無我』、把別人當成自己：是『慈悲』、把別人當成別人：是『智慧』。把自己當自己：是『真理』。

能達致無我、慈悲、智慧、真理之時，即是抵達無苦境界的寂靜彼岸。」

僅僅在昨天，我是宇宙中顫抖的碎片。而今天我就是宇宙，所有一切都在我裡面規律轉動的碎片。

第4章

齊物論

兩千五百年前，哲學家們鑽研宇宙到底是什麼？人生在世的意義到底是什麼？

老子說：有一個渾然一體的東西，在天地還沒有形成之前就已經存在了。它是天下萬物的根本。我不知道它的名字，所以把它叫作「道」。

道生一、一生二、二生三、三生天下萬物。

天下萬物生於有，有生於無。

天地開始的時候，沒有物體，沒有形象，姑且稱之為無。無就是宇宙本源，道的本體。

天地有常，日月有明，星辰有列，禽獸有群，樹木有立；道，就是事物的自然規律。

以「道」的角度而言，宇宙萬物齊一，沒有小大、短長、美醜、好壞區別。

萬物齊一

道家認為宇宙萬物是由氣產生的。

一切有形無形都源起於氣。人之生，氣之聚也，一切事物都源於氣。

宇宙中一切陰陽、天地、日月、動靜、明晦、生死、消長、男女、雄雌都是氣的變化過程。

齊物論即是把宇宙時空看成一體，萬物都源於氣，各種事物千差萬別，本質同一沒有差異。

所謂事物之間的對立差別，全是人為刻意區分的結果。

莊子說：「天地一指也，萬物一馬也。」

天地與我共生，萬物與我為一體。

當我們站在宇宙的觀點，萬物渾然一體，宇宙之內無大小、好壞、淨垢、善惡分別。

對於時空廣達一百三十七億光年半徑的宇宙而言，天下沒有什麼比秋毫之末更大，而泰山算是小；世上沒有比夭折的孩子更長壽的了，而傳說中最長壽的彭祖算是很短命。

我與萬物齊一，同為一體。

既然渾然為一體，還有什麼其他看法嗎？

如果我們以這種態度面對人生，便不會在意人世間的短暫名利，而違背心意委曲求全。

當我們無我地融入眼前情境，化自己為宇宙時空，心胸宛如山河大地，便有如泰山，再大的颱風也撼不動。有如大海，再多的江河水也注不滿。

達到「旋嵐偃嶽而常靜，江河競注而不流」的境界。

得道的階段
顏成子游對東郭子綦說：
自從我追隨老師學道以來，第一年心如野馬。
第二年才開始收斂。
第三年心無罣礙。
第四年混同物我。
第五年大眾歸來。
第六年通鬼神。
第七年順乎自然。
第八年忘去生死。
第九年大徹大悟。
修道的過程不要過分勉強收斂，應順其本性逐步漸進才能達到忘去自己，大徹大悟。第一年就想收斂的人，往往十年下來還是心如野馬。

人生三個階段

人有三個階段。

起初他崇拜一切：男人、女人、小孩、金錢、土地。

再進一步，他崇拜神。

最後，他不再說：「我崇拜神。」

也不說：「我不崇拜神。」

他已經從第一階段，進入最後階段。

轉自己成山河大地

學僧問長沙景岑禪師：「如何轉山河大地成為自己？」
景岑禪師說：「如何轉自己成山河大地？」
學僧說：「我不會。」
景岑禪師說：「誰問山河轉，山河轉向誰。圓通無兩畔，法性本無歸。」
景岑禪師接著說：
盡十方世界是沙門眼。
盡十方世界是沙門全身。
盡十方世界是自己光明。
盡十方世界在自己光明裡。
盡十方世界無一人不是自己。
當我們無我地融入於時空，看似一無所得，但卻擁有全部。
對於從銀河窗口往下望的人而言，空間就不只是地球與太陽之間了。

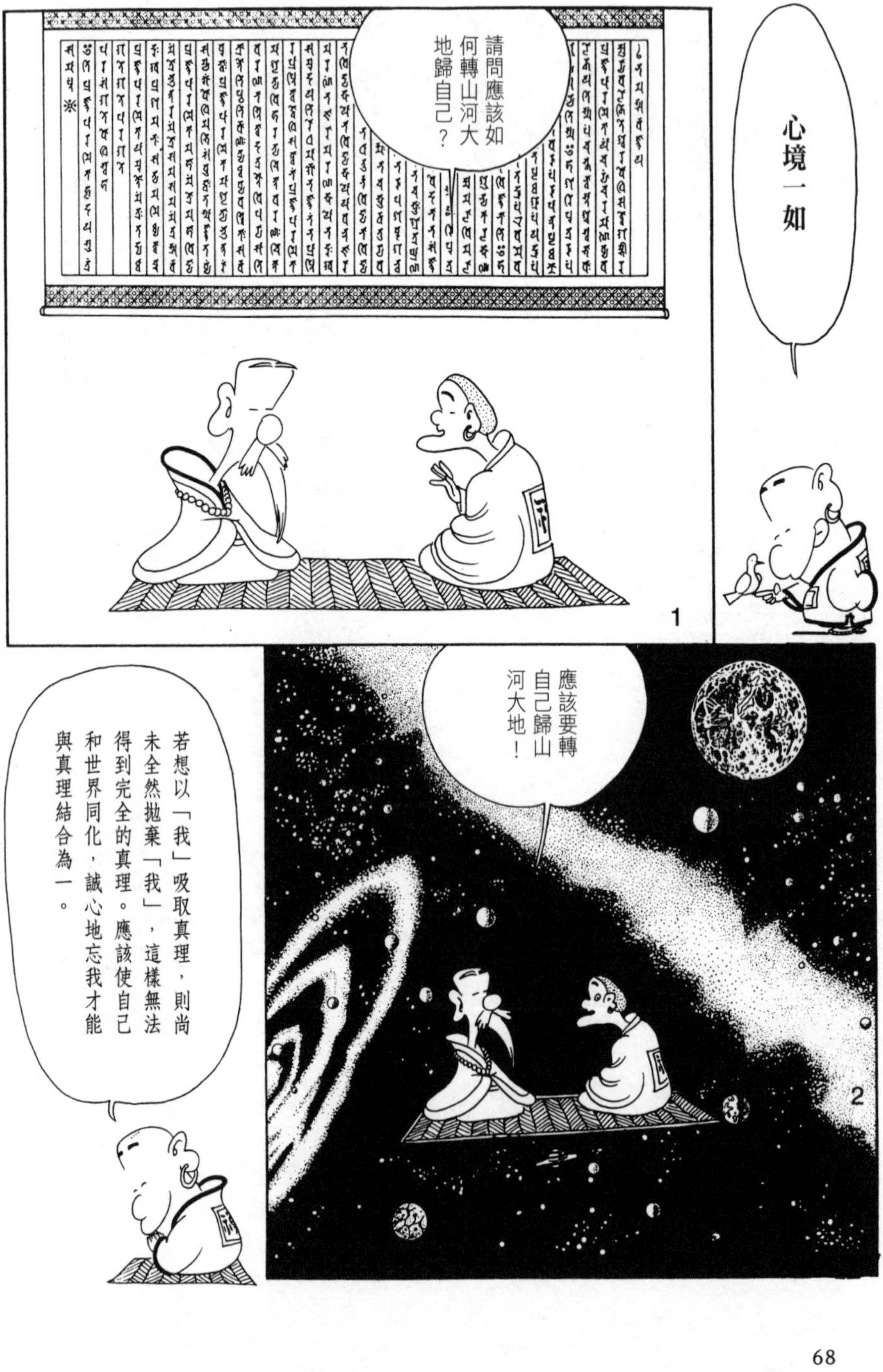
心境一如
請問應該如何轉山河大地歸自己？
應該要轉自己歸山河大地！
若想以「我」吸取真理，則尚未全然拋棄「我」，這樣無法得到完全的真理。應該使自己和世界同化，誠心地忘我才能與真理結合為一。

誰是主宰
1
人的形體有手、腳、骨節、孔竅、臟腑。它們之間是如何相支配的呢？
腦
耳
口
心
手
背
2
它們都是奴婢來服侍我嗎？奴婢怎麼能互相支配呢？
3
是奴婢互相輪流支配嗎？還是另有真正的主宰呢？
4
事實是，形體之外尚有精神，這個精神就是真正的主宰啊！
人都具有自己的「實有的真心」，這個實有的真心乃是大自然的道的縮影。人能以此為法則，去發展一切的行動，就不會遠離自然的正道。

第5章 養生主

〈養生主〉即是：遵循自然的養生之道。養生重在順應自然、聽憑天命、忘卻情感、不滯於物，追求無條件的精神自由。

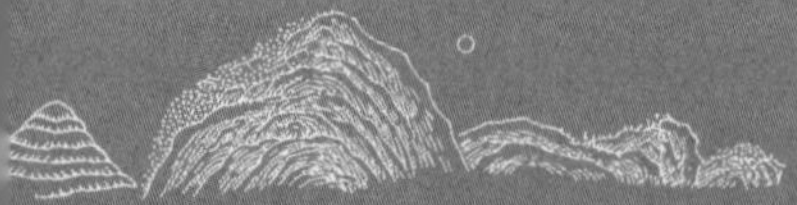

莊子說：

喜好目明就沉溺於五彩；

喜好耳聰就沉溺於聲樂；

喜好仁愛就擾亂自然規律；

喜好道義就違反事物常理；

喜好禮儀就助長了繁瑣；

喜好音樂就助長了淫樂；
喜好聖賢就助長了巧技；
喜好智巧就助長了爭辯。

秉承事物中虛之道，順應自然的變化與發展。

忘掉自我，「無己」就不受外物所拘滯，不追逐名利，不譴責是非曲直，這樣才可以保全身，養親盡年。

天人合一、清靜無為、有感而應、凝神集志，並最終達到恬淡自適的境界。達到〈天道〉所說的：

「夫虛靜、恬淡、寂寞無為者，天地之平，而道德之至」。

活著最重要

有一天，智者問弟子們說：什麼東西比寶石重要？

弟子們說：食物比寶石重要、空氣和水比寶石重要、覺悟很重要！

智者說：覺悟真理是很重要沒錯，然而，活著才最重要！死了，什麼都不重要。

不論什麼理由，違背自然的法理，傷害性命，都是大迷惑。

養生就是好好活著，為名利而損傷生命是錯的，為了人為的仁義損傷生命也是錯的。

牧羊人丟了羊
臧和谷二人去牧羊，二人都丟了羊。
我的羊走失了！
我也是！
我在草地上看書，羊就走失了！
我在草地上和人賭博，羊就走失了！
臧和谷二人，所做的事不同，但是丟掉羊是一樣的。
在世俗上，讀書人為了名而丟掉性命。
小人為利而丟掉性命……
大夫為了保全國家而丟掉性命，聖人為了保全天下而丟掉性命。
雖然原因各異，但是傷害性命都是一樣的。
不管假借什麼理由，違背自然的法理，傷害性命，都是大迷惑。

有人去遊說宋王。
哈哈，說得好！送你十輛馬車。
莊子你看！
打碎龍珠
爸爸你看！
黃河邊上有個窮人家，有一天他的兒子潛到深淵底下，找到一顆龍珠，拿給他的父親，他的父親說：「我不要這顆龍珠。」於是就把珠子打碎了。
爸爸，為什麼要打碎呢？
這一定是九重深淵底下黑龍出沒的地方才會有的。
你能拿到這顆珠子，一定是剛好碰上黑龍睡著了，如果黑龍醒來，你還能活著回來嗎？

5
現在宋國的宮殿，就好像九重深淵……宋王的凶猛就好比那條黑龍……
ZZ
6
你能得到宋王的馬車，必定是碰到他正在睡覺……
ZZ
7
咦？
8
哇！
9
如果宋王是醒著的，那你早就粉身碎骨了。
世人常為了珍奇的外物，忘了性命的危險，這是一種迷惑。如果把性命送了，豈不太不值得了嗎？

生於自然、死於自然

有錢人最關心的是生病死亡，想盡辦法延長自己的壽命。

窮鄉僻壤的窮苦人家反而比較像道家，將生死看得很淡。

小時候，鄉下家家戶戶都很窮，誰也不敢隨便到都市醫院去看病，生怕借來的醫藥費幾年也還不完。

老人自知自己年歲到了，會告訴大兒子說：「該是走的時候啦，替我準備後事。」

於是大兒子將大廳兩片大門拆下，置於兩條長板凳上，擺在大廳右側當作老人家臨時床鋪。

再買來棺材放在大廳左側，然後聯繫出嫁的女兒和到外地工作的兒子回家，聆聽老人家的遺言和舉辦葬禮後事。

我四歲左右，聽鄰居小孩說某某老伯死了，好奇去偷看時，發現他所說的老伯竟然還會講話，嚇得趕忙落荒而逃。

我一生中，除了感冒牙痛之外從沒生過病，也沒上過醫院。在我死掉之前我也不會去醫院。

因為我不認為躺在醫院用高科技葉克膜或插管以維持生命，叫作活著。

順其生，順其死
孟孫陽問楊朱說：
一個人貪生怕死，整天祈求長生不死，你覺得怎麼樣？
求也沒有用，反正人都是要死的。
求命長一點呢？
生死有命，並不是特別關照，或成天祈求就能長命的啊！
這麼說長命不如早死的好咯？
人情的好惡，對世事的苦樂，從古到今都一樣。經歷這些世事，一百年已經令人不耐煩了，又何必接受長壽的痛苦呢？
不！人既然活著，就應該讓他自然生長，如果快要死了，也要順其死，不用眷戀難過。
能夠不愁生，不怕死，就不會擔心生死的快慢了。

人不生不滅
列子在山路行走，看到草地裡有一個骷髏。
朋友！只有你和我知道你沒有生，也沒有死過。
你現在是痛苦的嗎？我現在是快樂的嗎？
生死只是一個觀念，生就是不斷地變化，不肯順自然運行的人與死無異。

最大的不幸

弟子問：什麼是人生的大幸？

智者說：人生的大幸是：該生時生，該死時死。

弟子問：死亡，是人最大的不幸？

智者說：不！該死之時死不了，才是最大的不幸。

對於生死問題，道家觀點是：該生時生，該死時死，天福也。該生時不生，該死時不死，天罰也。生死由命，不刻意強求。

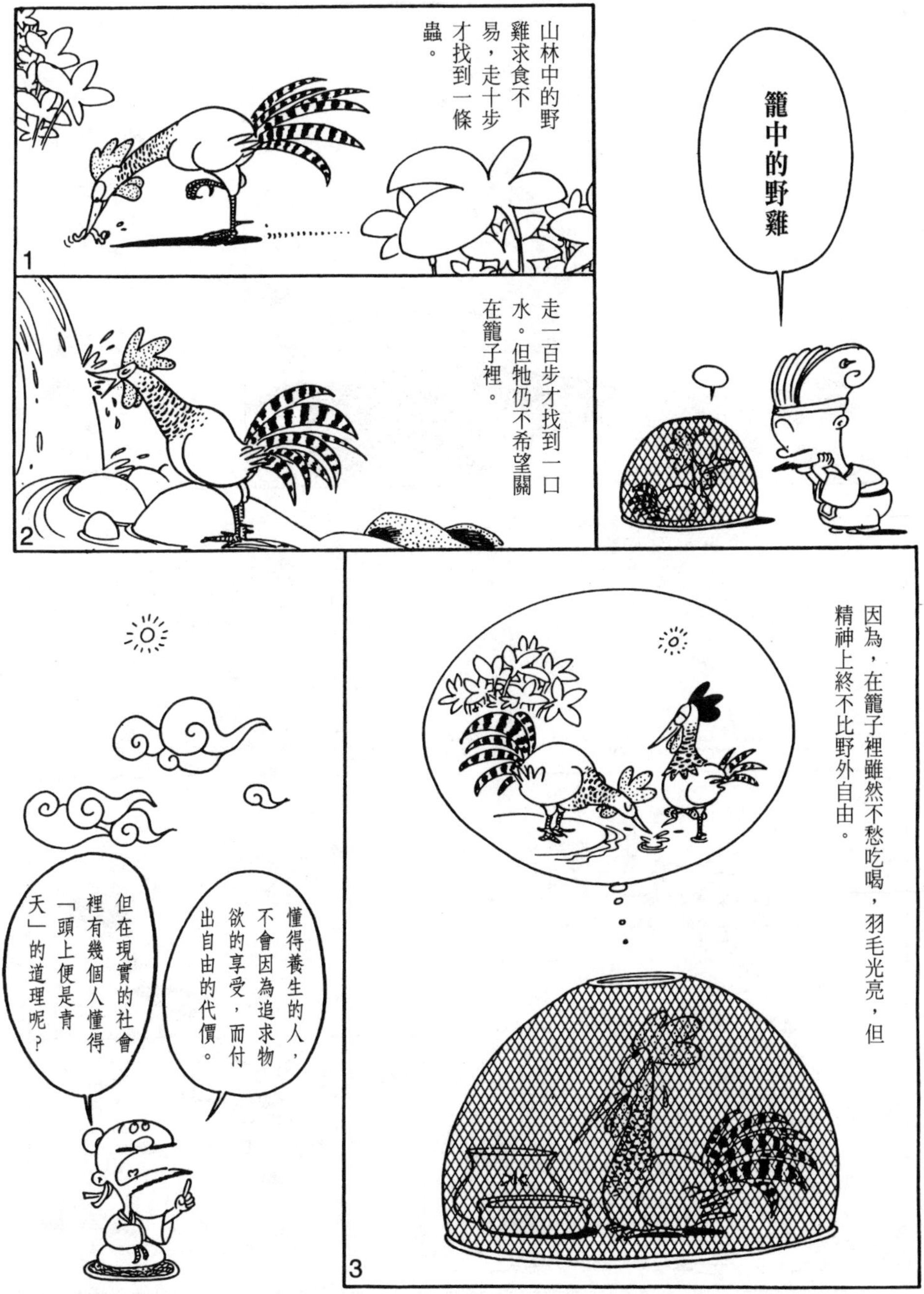
籠中的野雞
山林中的野雞求食不易，走十步才找到一條蟲。
走一百步才找到一口水。但牠仍不希望關在籠子裡。
因為，在籠子裡雖然不愁吃喝，羽毛光亮，但精神上終不比野外自由。
懂得養生的人，不會因為追求物欲的享受，而付出自由的代價。
但在現實的社會裡有幾個人懂得「頭上便是青天」的道理呢？

貪生怕死
齊景公到牛山遊覽……
好美麗的大地山河啊！那麼蔥鬱，那麼茂盛……
可是我早晚總會離開這大好山河而死掉啊……
臣等職位這麼低就已經不願意死了，何況您貴為一國的人君呢！
哈哈哈哈！
晏子，你笑什麼？
我看到山河，想到人世湮滅，想到死的問題因而流淚，這有什麼好笑的呢？
哈哈！

7
如果人能夠長生不死，那麼太公望、齊桓公、莊公和靈公他們現在都還在當齊王呢，哪輪到您來當齊王呢？
8
那麼大王將會披著蓑衣在田裡忙碌，哪裡還有時間想到死亡問題？您又哪兒來的帝位呢？
9
如今您卻為此難過流淚，這是不仁不德的表現啊！
10
我今天看到一個不仁不德的君主，又看到兩個諂媚的臣子，您說，我能不笑嗎？
11
景公聽了，非常慚愧，於是舉酒自罰，也罰史孔和梁丘據。
人應勇於生，勇於死，不擔心生死，知命安時地去處理人生。貪生怕死的人就像遊子迷了路，回不了家一樣。

大便才是救命祕方

小老鼠一不小心掉進冰湖裡，他奮力爬出來，但全身已經凍僵快要死了。

森林中的動物們看了，急忙設法救他，小母雞替他做口對口呼吸，小兔子哈熱氣為他解凍，但都沒有效果。

大黃牛走過來，在小老鼠身上拉了一坨大便。

小母雞說：「別人遭逢苦難，你幹嘛還落井下石？」

小兔子說：「難道你要用大便埋葬他？」

大黃牛回答說：「大便是他的救命仙丹。」

小老鼠全身蓋著熱呼呼的牛大便，身上的冰慢慢解凍融化，一會兒便真的活過來了。

遭遇不同境遇時，別急著下定論。

身上被拉一坨大便，不見得是走霉運，它可能是我們的救命祕方。

當神把我這石子丟進生命之湖時，無數漣漪擾亂了湖面。

當我落到湖底時，我就變得十分安靜。

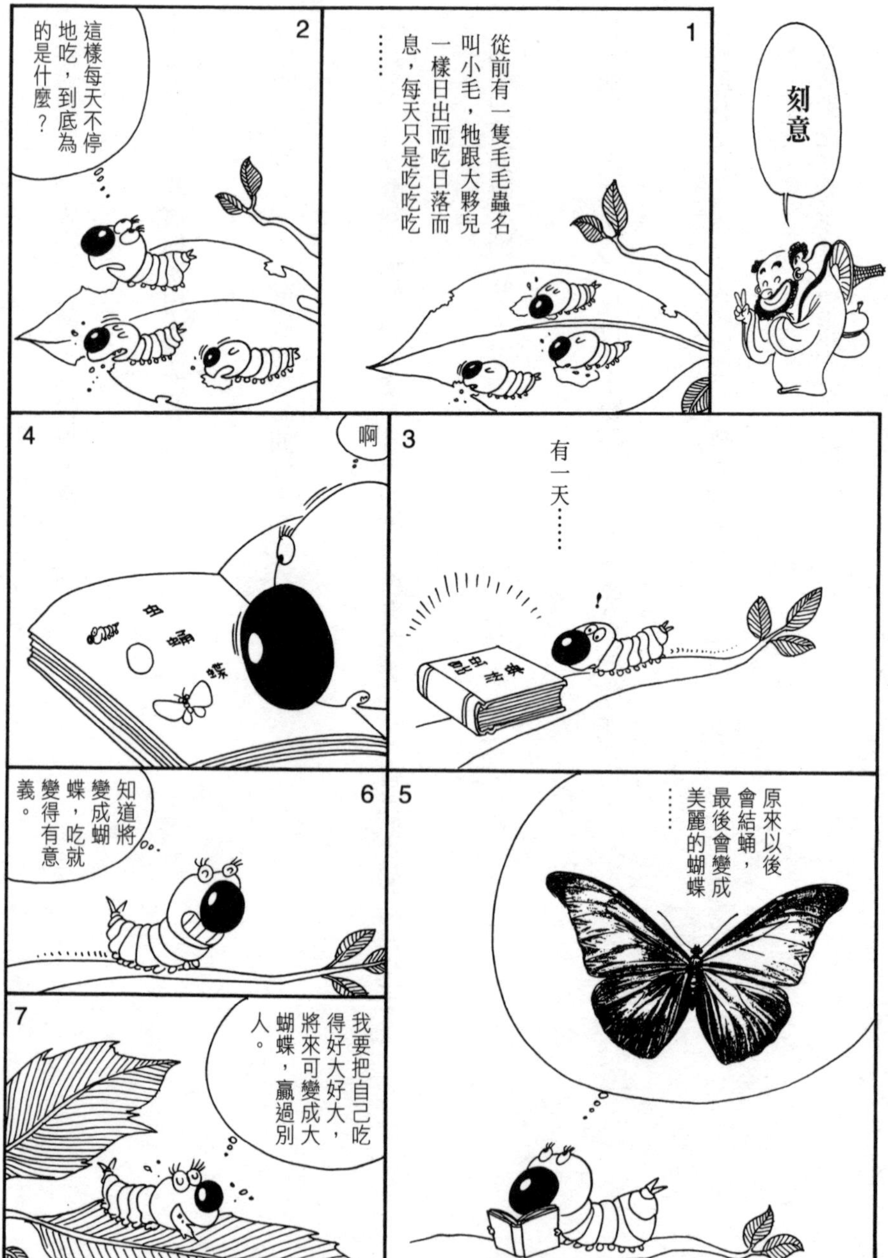
刻意
1
從前有一隻毛毛蟲名叫小毛，牠跟大夥兒一樣日出而吃日落而息，每天只是吃吃吃……
2
這樣每天不停地吃，到底為的是什麼？
3
有一天……
4
啊
虫
蛹
蝶
5
原來以後會結蛹，最後會變成美麗的蝴蝶……
6
知道將變成蝴蝶，吃就變得有意義。
7
我要把自己吃得好大好大，將來可變成大蝴蝶，贏過別人。

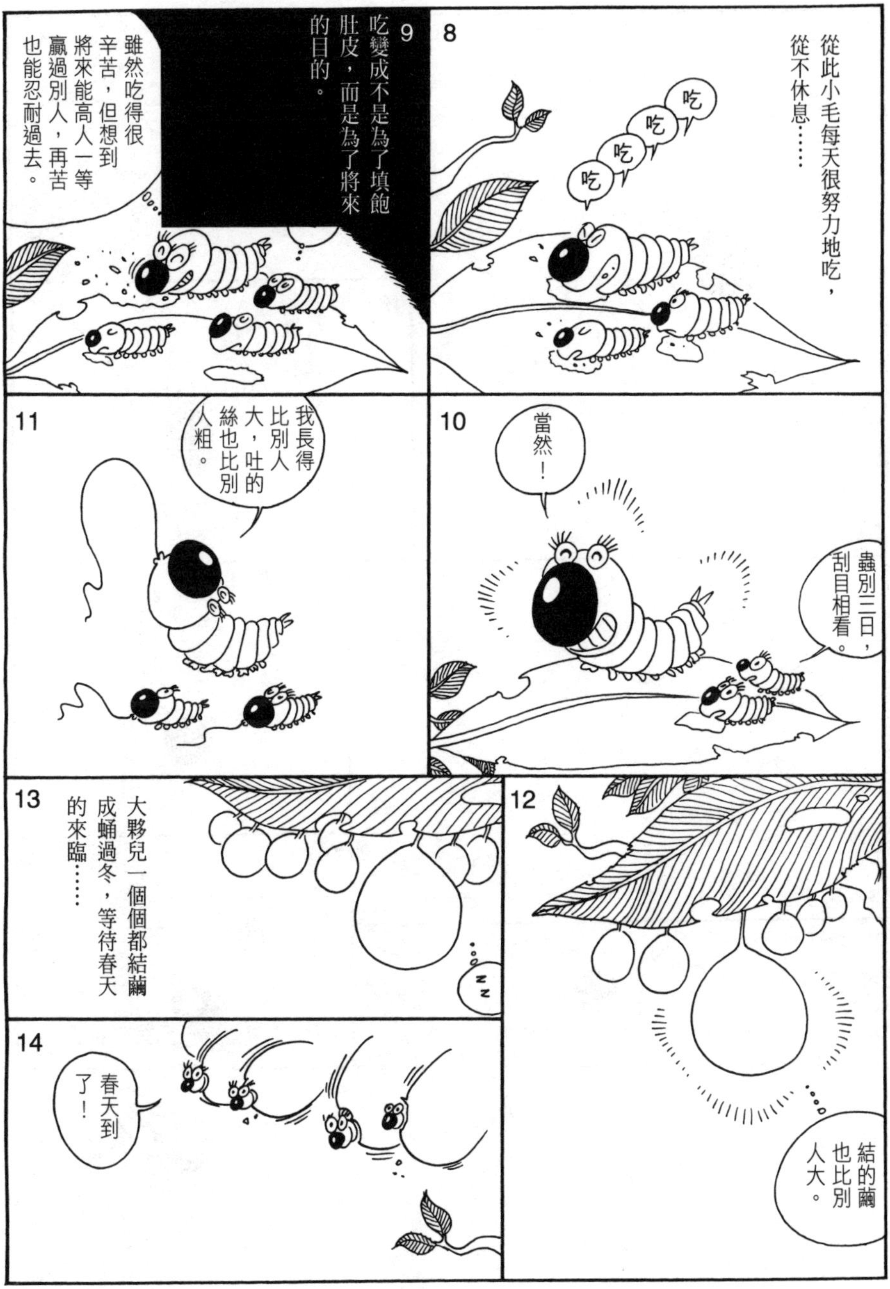
8
從此小毛每天很努力地吃，從不休息……
吃
吃
吃
吃
9
吃變成不是為了填飽肚皮，而是為了將來的目的。
雖然吃得很辛苦，但想到將來能高人一等贏過別人，再苦也能忍耐過去。
10
蟲別三日，刮目相看。
當然！
11
我長得比別人大，吐的絲也比別人粗。
12
結的繭也比別人大。
13
大夥兒一個個都結繭成蛹過冬，等待春天的來臨……
14
春天到了！

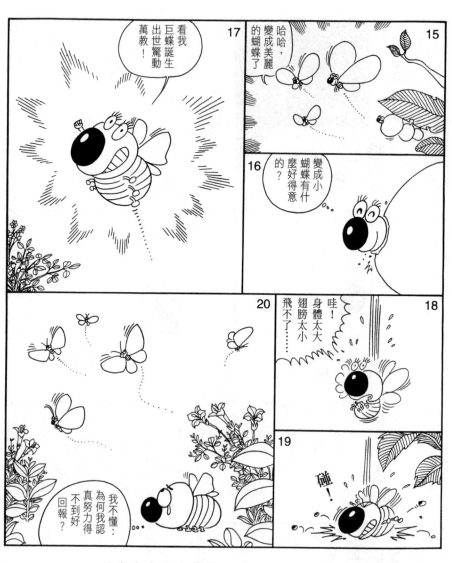

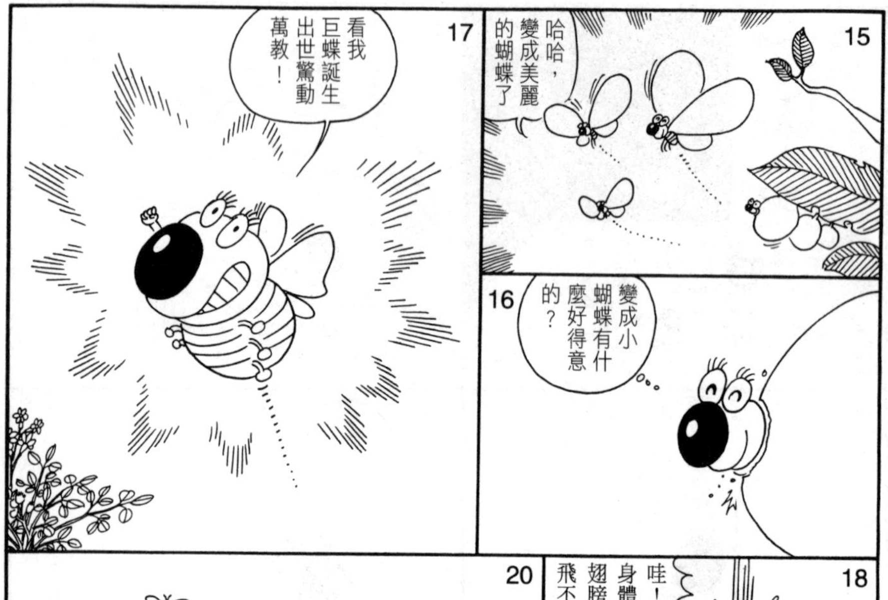

一分努力不見得有一分收穫，
刻意強求不見得能得到好成果。
人生在世過的是一分一秒，
童年就以童年過，
成年就以成年過，
老年就以老年過，
平常心是道！

鐵杵磨針喻
從前有個媽媽教育她的兒子說：
有恆為成功之本，凡事只要堅持認真去做，必能得到成果。
只要有恆心，鐵杵也能磨成繡花針。
二十年後……
瞧！鐵杵磨成針，證明只要有毅力，沒有任何事不能達成。
但成果只是一根繡花針，失去的卻是整個青春。
鐵杵磨針固然沒錯，但用功既重所期甚輕，失去的比得到的還多！

死不足悲
1
魏國東門有一個姓吳的人，他的兒子死了，他一點都不憂傷……
2
老闆！來三斤酒！
3
你的愛子死了，再也不會回來了，為什麼你一點也不憂傷呢？
4
我本來沒有孩子，後來生了孩子，如今孩子死了，不是正和以前我還沒有孩子時一樣嗎？那我又有什麼可憂傷的？
死何足悲？一般人對看得開、想得開的人的行為很不理解……但看不開又能於事何補？徒勞悲傷罷了。

惡魔的幫手
1
嘡嘡嘡嘡嘡
當世上發現了鐵的時候，大樹們就憂慮著未來的命運……
2
可怕！
哇！
3
既生樹何生斧，是誰發明了這種惡魔的凶器？
4
如果不是樹提供了斧柄，光是這塊鐵怎能傷害得了你們？
厄運形成的緣起，往往是因為自己；最大的敵人，往往就是自己本身。

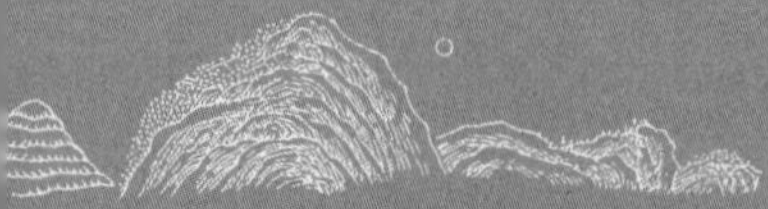

第6章 人間世

人間世即是：人生在世的處世之道。

人處在無明昏暗的世間，應該如何自處？

莊子認為知其無可奈何，而安之若命，不要自恃明智而為外物所驅使，追求身外的功利實是可悲的。

什麼才是人生在世的處世之道？

智者面對變化不已的時空，隨著變化而變化，沒有自己，也一無所求。

陸上行舟

孔子在魯國推行周朝禮制，莊子批評說：

水上行進要用船，陸上行走要用車。

船能在水中行進，陸上行舟便不能行進。

古今不同有如水陸之間的差異，周魯的差異不就像是舟車的不同嗎？

想在魯國推行周朝的治理辦法，有如陸上行舟，徒勞而無功，自身也難免遭受禍殃。
禮義法度順時變化，讓猿猴穿上周公的衣服，牠必定會咬碎或撕裂，觀察古今差異，
就像猿猴不同於周公一樣。

失時者亡
1
魯國施氏有兩個兒子，一個喜歡學問，一個喜好兵法。
2
喜歡學問的兒子去見齊侯，齊侯就請他當太子的老師。
3
喜好兵法的兒子也去見楚王，楚王也任用了他，請他當「軍正」的官。
4
施氏的鄰居孟氏也有兩個兒子，也都愛好學問和兵法，他很羨慕施氏的富有。
5
你為什麼這麼富有啊？
因為我的兩個小孩都用他們所學的在當官啊。
6
於是孟氏令好學問的兒子去遊說秦王。
仁義治國。

現在是以力相爭的時代，你要我用仁義來治國，豈不是要秦國自取敗亡？
於是把他處「宮刑」，並將他趕出秦國。
另一個好兵法的去衛國見衛王。
兵法治國。
衛國是弱國，你要我用兵法治國，豈不是要衛國滅亡嗎？
於是把他處「刖刑」，逐回魯國。
為什麼我的兩個小孩都失敗了，還被判了刑？
「得時者昌，失時者亡」，天下的道理本來就沒有永遠是對的，以前所採用的非常適合的方法，今天可能完全不適用。用與不用，並沒有對錯之分啊。
人為的道理，並沒有絕對的對錯，能夠因應時間、狀況的變化，才是真正的智者。

忠孝之極

父母所說所做都稱讚，就是不肖之子；君王所說所做都逢迎，就是不良之臣。

孝子不奉承父母，忠臣不諂媚國君，這才是忠臣孝子盡忠盡孝的極點。

可是世人不瞭解，世俗看法未必正確。

楚狂人接輿
1
孔子周遊天下，來到楚國。
楚國的狂人接輿，見孔子自身難保還在推行他的道德理想……
2
鳳呀！鳳呀！你怎麼這般的落魄！天下有道，智者便出來化成天下。天下無道，智者只能保全性命要緊。
3
算了吧！算了吧！這樣的時代，不要再用你的光明去顯出人家的黑暗。
4
荊棘啊荊棘，不要傷了我的腳。我已經在拐彎走了。
有智慧的人，出入進退，要看時機才好。

寬闊人生

智者問學生說：「往前走一步即死，往後退一步則亡，這時你該怎麼辦？」

學生說：「很簡單，我往左右兩邊走。」

智者笑道：「不錯不錯，你已經畢業了。」

當我們陷入進退兩難困境時，別忘了左右兩側的路跟前後一樣開闊。

學習要跟對老師

一億年前，蜘蛛出生後，便會吐絲結網。人類的小孩出生後，什麼也不會。

一億年後，蜘蛛出生後，還是只會吐絲結網。

人類的小孩出生後，通過學習可以變成詩人、畫家、建築師、電腦工程師、科學家或物理學家。

然而學習要很小心，要跟對老師。尤其思想觀念的部分。

有一隻小雞破殼而出的時候，剛好看到一隻蝸牛經過。

小雞說：「原來蛋殼有這個作用。」從此以後小雞就背著蛋殼過了一生。

孟子說：「盡信書，不如無書。」

柏拉圖說：

「知識像醫藥一樣，要有醫生處方才能吃。不是每一種知識對任何人都有益。」

錯誤的學習比不學還糟！

樂在工作

啄木鳥一大早就飛出去上班，高高興興地為每一棵樹除蟲。

樹說：「感謝你天天到森林來出診。」

啄木鳥說：「不用客氣！以自己的興趣作為職業，便能在工作中獲得滿足。」

為薪水而工作，成就必然不高。

能從工作本身獲得滿足的職業才好。

是誰對書不敬？

智者蘇來曼哈拉比，常用一本厚厚的書來做擋門磚。

一天來了一位嚴肅的訪客，看到書在地上就把書撿起來。

哈拉比說：「把書放在原地。」

訪客說：「這對書不敬，不該是智者的行為吧？」

哈拉比回答說：「看到某一本書對某人有用，就以為對另外一個人也有用，才是對書的不敬。

「不知道傳遞知識的方法，並不一定要用書，這是對知識的不敬。」

道超越知
泰清問無窮說：
你知道大道嗎？
我不知道。
泰清又問無為說：
你知道大道嗎？
我知道。
你知道大道，有名目可以指稱嗎？
有啊。
什麼名目？
道可以稱為貴，可以稱為賤，可以稱為聚，可以稱為散。

7
還是不明白，再問無始看看。
8
無窮不知道，無為知道，那麼究竟誰是誰非呢？
9
知道的人淺，不知道的人深啊！
10
原來道是不可用耳去聽，不可用眼去看，不可用嘴去說。道是超越感官的知識啊！
道無可問，問了無可回答。本來無可問的卻要去強問，這是空洞的問；本來無可回答的卻要強來回答，這是沒有內容的。

兩相兼顧

一個人崇拜神說：「神啊！我應該先崇拜你？還是先綁好駱駝？」

神回答說：「你要崇拜我，同時也要綁好駱駝。」

人生活在世上，需要物質也需要精神，兩者兼顧。

錢不是萬能，但沒有錢則萬萬不能。

人活在世上，要賺錢兼顧生活，但生命是用來換取財富的嗎？錢只要夠花就成。

如果一個人已賺得幾十億幾百億，夠花幾十輩子了，但他還拚命賺錢，那就是有病。

如同自己的餐桌上已經有幾十塊牛排，看到空中有塊牛排飛過去，他還跟大家一起爭搶這塊牛排一樣。

從小我便打定主意，只要不會餓死，我便要以畫畫作為一生的志業。

當初我便知道：要過最大的精神自由，必須過最少的物質生活。

五十幾年來，除非請人吃飯，我一天的花費很少超過一百塊台幣。

也因此我一生中，永遠能自在地做自己，走自己的人生之道，完成自己的想望。

名無實，實無名
孟氏問楊朱說：
為什麼人常不知足？老想要成名？
有名就容易富有啊！
富有的人為何不知足呢？
富了就想求尊貴啊！
但尊貴的人也還是不知足啊！
尊貴的人還要為死打算啊！
死了就一了百了，還有什麼可打算的？
為了子孫啊！
名聲對子孫有什麼好處呢？

7
名聲可使宗族、鄉里、子孫得到恩澤啊……不過，追求名聲的人一定會廉潔自守，所以很貧窮，也因而得到廉潔的好名聲。
8
追求名聲的人也一定很謙讓，由於謙讓卑下，所以很低賤，由於很低賤，所以他就有謙卑的好名聲。
9
管仲當齊國的宰相時，君臣兩人志氣相合，國君奢侈，他也奢侈，齊國因他而稱霸諸侯，但他死了以後，也只博得一個虛名而已。
10
而田恆就不同了。他當齊國宰相時，國君自滿，他就謙遜；國君向百姓斂財，他就廣施恩惠，於是百姓都歸附於他，後來更篡有了齊國，子孫受其餘澤。

由此看來，一個富有的人外表看來卻是貧窮，而實際貧窮的人外表看來卻是富有。
對極了。
「實，無名；名，無實。」名聲只是求利的虛招而已。
以前堯假裝要把天下讓給許由。他這樣做，外表得到了好名聲，其實他並沒有失去天下。
伯夷、叔齊兩人，實際上是孤竹君要把帝位讓給他們，他們才逃離國家，餓死在首陽山，沒想到卻得來清廉的好名聲。
所以真假的辨別是要這樣看的啊！
世事沒有兩全，有所得，必有所失。若想求實，則不用斤斤於名；若想求名，則要忍耐失去實際快樂的事實。

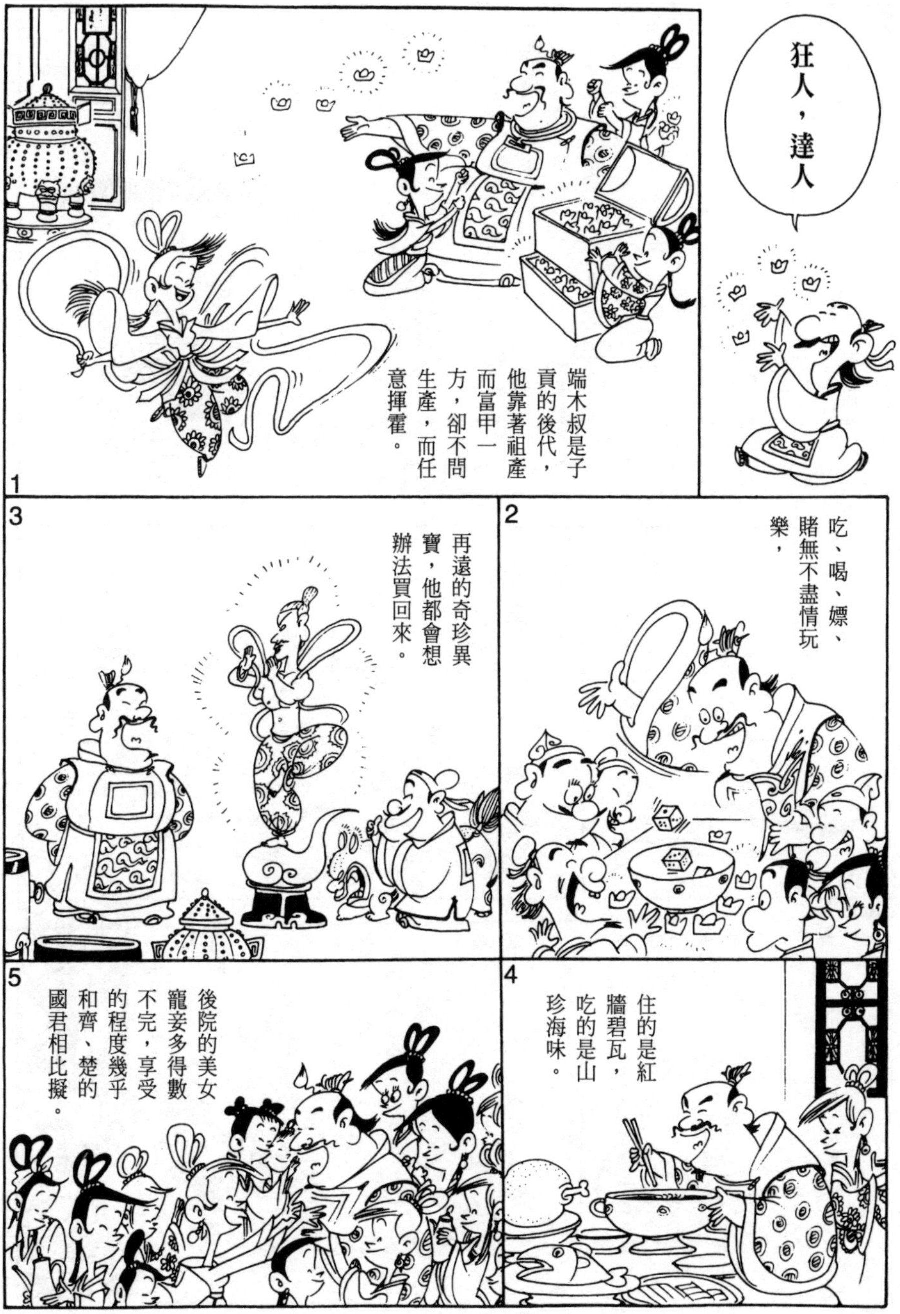
狂人，達人
1
端木叔是子貢的後代，他靠著祖產而富甲一方，卻不問生產，而任意揮霍。
2
吃、喝、嫖、賭無不盡情玩樂，
3
再遠的奇珍異寶，他都會想辦法買回來。
4
住的是紅牆碧瓦，吃的是山珍海味。
5
後院的美女寵妾多得數不完，享受的程度幾乎和齊、楚的國君相比擬。

6
他出外遊玩更是闊氣十足，即使山川險阻、路途遙遠，也無不到達。
7
他又好客，每天都有上百的客人往來，
8
所以廚房整天都不曾斷火。
9
他又把奢侈自養所剩的分送給族人鄉里，及國內需要的人。
10
到了六十歲，氣衰體弱了，他更拋棄家事，分散奇珍異寶。

寵妾都一一遣散一年之間統統散盡家產，不給子孫留下一點財產。
抱歉！沒留下財產給你啊！
後來他生病了，也沒錢醫治，
他死後連埋葬的費用也沒有。過去曾受他恩惠的，都紛紛把以前他所送的錢還給了他子孫。
忌
福
禽骨釐聽了說道：
端木叔真是個大狂人，使他的祖先蒙羞！
儒
段干生聽了卻說：
端木叔真是個達觀的人，他的德行比他的祖先子貢還要高。
道
莊子的至樂是追求心靈的恬靜，楊朱的至樂是追求官能的最高享受，然而人生的目的是什麼呢？

生命與財富

一個富人問禪師說：「我一生忙於賺錢，請問我應該賺多少才停止？」

禪師在桌上擺了一個杯子，拿一大壺茶注滿杯子，茶水都溢滿整張桌子了，禪師還是繼續倒，直到整壺茶都倒光為止。

禪師問：「你懂了嗎？」

富人說：「我不瞭解這是什麼意思？」

禪師說：「整壺茶水是你一生所賺的錢，杯子的容量是你一生所需要花的錢，賺超過自己所需要的財富，只會滿溢出來無法留住。」

我們雙手空空而來，也將雙手空空而去。

我們有幸來此一輩子，用難得的生命去換取多餘又帶不走的財富名利，便是看不清楚生命與財富之間的關係！

貧害身，富累身
原憲由於貧窮，而失去了他的生命；
子貢由於富有，連累了他的身體。
所以貧窮和富足都是不好的！那麼要怎樣才好呢？
應該快快樂樂地活著，安安逸逸地過日子，不因貧窮而損害生命，不因富有而連累身體。
能樂天知足，才不感覺貧窮；能安逸不爭，才不會為錢財所累。
勞苦的想辦法使他安逸，饑餓的想辦法使他吃飽，寒冷的想辦法使他溫暖。樂天知足，不要過分追求財富，以免累壞身體。

生暫來，死暫往
活一百歲是年壽中最完美的，但假如現在有一個活一百歲的人，看起來是活得夠長了，其實不盡然……
他的一生，幼年和老年幾乎占去了一半；
而晚上睡覺又差不多占去所剩的一半；
z z
疾病、哀傷、痛苦、迷惘、憂懼的時候，又占去了所剩的一半；
剩下能很自在、無牽無掛的時候，只有那麼一點點而已。
那麼人的一生為的是什麼？還有什麼快樂可言？
為了美滿厚足的衣食？為了美妙秀麗的聲色？
但是衣食不缺並不能長久滿足一個人。
酒

8
匆匆忙忙一生就為了追求短時的虛譽嗎？
榮譽
9
這樣一來，一輩子都無法順著自己耳朵的好惡去聽。
10
無法順著自己眼睛的美醜去欣賞。
11
不能盡情地過自己的生活，這和犯了罪，被人重重桎梏，又有何差別？
12
生，只是暫時來到這世界；死，只是暫時離開而已。所以應隨心所欲向前進，絲毫不違背自然。
13
自己所喜好的就愉悅地接受它，如此才不會被名所拖累，才能夠依本性去生活，才能不違背萬物。
一個人名譽的好壞，在生前享有或在死後享有都無所謂，至於壽命的長短更是不可預測的，那麼看開這暫來的生，好好地過生活吧！

各有長才

兩種蘆葦共飲一條溪水，一種是中空蘆葦，一種是甘蔗。

甘蔗嘲笑蘆葦說：「雖然我們長得很像，我肥美甘甜，而你中空無用。」

蘆葦說：「我們被收割後，你只存在一天，我被製成紙，印成經典傳世一千年。」

好或不好，有用或無用，是客觀的，並無定論。

下雨是好事還是壞事，要看之前如何？
如果已經連下一個月，即是壞事；如果乾旱三年，則是天大的好事。

土地神的樹
1
一個木匠師父，帶著徒弟要到齊國蓋房子。
2
半路上，看到一座土地廟旁邊長著一棵巨大無比的樹，它的樹幹巨大，樹最高的地方，已經接近雲端了。
3
哼—
4
師父！
師父，自從我們追隨你學手藝以來，從來沒有見過這麼大的樹，你怎麼不停下來看呢？
5
哼！
6
算了吧，那不過是一棵根本沒用的樹。

用來做船，就會下沉，用來做器具，又不夠堅固，用來做柱子，又會長蛀蟲，根本就是一棵沒用的樹。
既然沒有用，我還看它做什麼？
到了那天晚上，
木匠做了一個怪夢……
喂喂喂，你白天胡說些什麼？你說我是沒用的樹？
如果我有用的話，不早就給你們砍掉了嗎？我哪能活到今天呢？
以樹的立場來說，有用就等於得了必死的絕症；沒有用的樹，才是最棒的樹。
有用
有用
有用
真對不起，原來你是一棵大智慧的樹。

樹的天年
1
宋國荊氏這個地方，適合種植楸樹、柏樹、桑樹。這三種樹長到一握粗的，就被砍去做養猴子的木樁。
2
更粗的，便被砍去蓋高大的房子。
3
最粗的，就被富貴人家砍去做棺材了。
福
4
所以這些樹，都不能享盡自然所賦予的年壽，紛紛中年夭折了。
可憐啊……有用的樹們……

5
古代祭祀河神的時候，凡是白額頭的牛、高鼻子的豬、有痔瘡的人，巫祝都不會把他們投到河中祭祀河神，因為這些都被看作「不祥」。
白額牛
不祥之物……
痔瘡人
高鼻豬
主祭
6
但對於有智慧、通變化的人，便常以「不材」、「不祥」的姿態出現，以免除世上的禍害。
不祥
不祥
不祥
美和醜各有各的特性，是不必區分出「好、壞」「祥、不祥」的。
女子因為長得美，便做了河神的「犧牲」。那麼，「美」究竟是「祥」還是「不祥」？
祥？
不祥？

第7章

德充符

德充符即是：德充實滿盈的體驗。

宇宙萬物雖然千差萬別，但追根究柢其實渾然為一。

生死、好壞、是非，無所差別。

如果觀念正確，便不在意貌醜形殘，無所謂世間的寵辱、貴賤，而達到忘形、忘情的物我俱化，死生同一的境界。

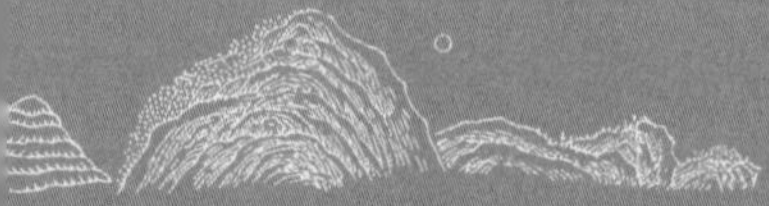

莊子說：
不貪圖財物，不追求富貴；
長壽不視為快樂，
夭折不視為悲哀，
通達不視為榮耀，
窮困不視為羞恥；
謀利不視為職分，
統治天下不視為顯赫。

天堂在哪裡？

學僧問京兆興善惟寬禪師說：「天堂在哪裡？」

惟寬禪師說：「就在現前。」

學僧說：「為何我看不到？」

惟寬禪師說：「因為你有自我，所以看不見。」

學僧說：「有我所以不見道，你看得見天堂嗎？」

惟寬禪師說：「有我有你，便看不見。」

學僧說：「無我無你，就能看見天堂嗎？」

惟寬禪師說：「無我無你，還有誰需要天堂？」

天堂在哪裡？天堂就在當下，天堂就在無我的地方。當我們進入無我時，就已經置身於天堂。

天空是鳥的天堂，深淵是魚的樂園。每個人有自己的天堂，天堂只在無我的地方。

天堂在哪裡？天堂在那扇門後的房間。但人把鑰匙丟了，也許是放錯了地方。

公文軒最初看見右師只有一隻腳，心中大驚……
一隻腳的人
後來仔細地想了一想，終於明白了……
右師只有一隻腳，但只要是天生的，不是人把它砍掉的，那便也合乎自然啊！
人生下來如果都只是一隻腳，那麼突然看見兩隻腳的人，便也會誤以為那是不自然，其實只要天生，一隻腳、兩隻腳，或像蜈蚣那麼多隻腳，亦都是自然。
天生我什麼形體就以什麼形體過；處於水中水中過，處於火中火中過。若能如此即能入水不冷、入火不熱，處處無礙！

沒有腳趾的廢人
1
魯國有一個被砍掉腳趾的人名叫叔山無趾。
2
有一天，他用腳跟走路來見孔子。
3
以前你不自愛，才被官府砍掉了腳趾。今天就算你來見我也已經太晚了。
4
我的腳趾雖然不見了，但我身上還有比腳趾重要的東西啊，我來見你就是想保全那些更寶貴的東西呀。
5
哼！
真是對不起！
請你進門來指導我的門徒吧！
6
叔山無趾不再說話，逕自走了。
叔山無趾是有德之人，所以孔子對他再也不敢怠慢。那麼，形體的殘缺當然也就不能決定哪個人是廢人了。

鴨腳太短嗎
1
自然的長，不算太長。
自然的短，不算太短。
2
鴨子的腳，雖然很短，你不能去把牠接長。接長了，牠就難過了。
！
3
鶴的腳，雖然很長，你不能把牠切短。切短了，牠就悲哀了。
！
4
因為鴨子腳短而脖子長。
5
嘻嘻，很方便吧！
6
鶴則腳長而脖子短，相互為用。
所謂長、短，不要用人為的標準去畫分它。多注意自然的功用，那麼，長的不是長，短的也不是短了。

形體與精神
我有一次到楚國去，看到一群小豬正在吃母豬的奶。
忽然間，母豬兩眼翻白死了，
小豬都驚懼地逃走。
小豬愛牠們的母親，不是愛牠的形體，而是愛主宰牠形體的精神啊！
母豬活著和死時，形體並沒有改變，但精神卻完全不同了。所以真正代表一個人的不是他的形體，而是他的精神。

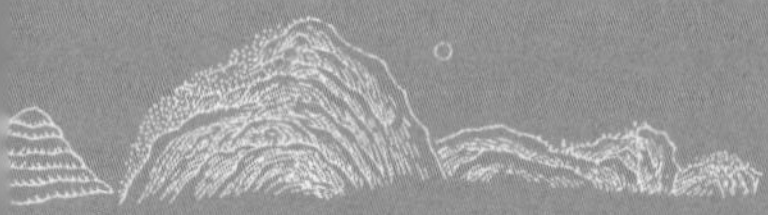

第8章 大宗師

莊子說：

自然啊，你這大宗師啊！

秋霜凋殘萬物，不是有心制裁。

春雨生養萬物，不是為了仁慈。

雕刻萬物種種形狀，不是有心顯示機巧。

天地大公無私，對萬物一視同仁，把萬物當作祭神的芻狗一樣，

沒有喜愛，沒有憎恨。

聖人也大公無私，把百姓當作祭神的芻狗一樣，沒有愛憎，一視同仁。

人如果能像天地對萬物一律平等，世上將不再有紛爭。

自然是偉大的宗師，人活在世上要效法自然，以天地為師。

天似無所作為，四季交替自然運作，地生長萬物哺育生靈，而不居功。

瞭解生死是氣聚氣散，死生齊一，即能超脫生死，置之度外。

自然之友

師法大自然的智慧的至人，他的教化像形體和影子的關係一樣，像聲音和回音的關係一樣，有問必答，有感必應。

因為他的形體合一，他停止的時候，沒有聲音。他行動的時候，沒有痕跡。

所以他可以把迷亂的世人帶回自然的大道。

認為有自我的形體的，是三代以下的君子。認為沒有自我形體的，才是自然的友伴。

無私無我，才合乎自然之道。因為，人的形體，是自然變化中的一種形式而已。如果便執為己有，那是私心的作用了。

道，即是宇宙中冥冥的那股理性的力量，一切自生自化，人之生，氣之聚，氣聚則生，氣散則死。

因此，別以人為損害自然，別為名利損害生命，謹守天道不離失，即是反璞歸真。

自然的生滅
意而子問許由說：
先生在山林好嗎？
你來這裡做什麼？你不是和堯在一起嗎？這些年，堯教給你什麼呢？
堯教我要厲行仁義，要明辨是非呀！
那麼堯已經在你臉上刺字，用仁義傷害你的臉，用是非割了你的鼻子。
難道你不自覺嗎？這樣你還想來到自然的路上自在逍遙嗎？
先生指導我，讓我遨遊於大道吧。
眼睛壞了，怎麼看得見顏色呢？

6
無莊得了大道，忘了自己的美貌。據梁得了大道，忘了自己是力士。黃帝得了大道，忘了自己的智慧。
7
這些都是錘鍊的工夫罷了！誰知道造化不是用刺傷我的臉、割去我的鼻，來考驗我呢？
8
啊！自然，你這大宗師啊！秋霜凋殘萬物，不是有心制裁！春雨生養萬物，不是為了仁慈。你雕刻萬物種種形狀，不是有心顯示機巧。
9
意而子，你想在自然的大道上遨遊，就隨我來吧。
自然的變化，純是無心的作為。春雨秋霜，不是有心為生滅。自然的生生滅滅，實則不生不滅，不增不減。

自然是大力士
1
自然像個大力士，有無窮的力量在運轉。
2
大自然賦給我形體，
3
用生活來使我勞動，
4
用歲月來使我年老安逸，
5
用死亡來使我永遠休息。
自然是變化的，人必須順應自然。這樣子才能不喜不懼生死如一。

相忘於江湖
江湖的泉源乾枯了……
魚兒都困在地面上，很親切地用口沫互相滋潤……
沾潤一點我的口水吧，免得渴死啊。
謝謝你！你真仁慈又有義氣啊……
這倒不如江湖水滿的時候，大家悠遊自在，不相照顧的好。
人為的仁愛畢竟是有限的，當人需要用仁愛來互相救助時，這世界便已不好了。大自然的愛是無量的，所以人應相忘於自然，如同魚相忘於江湖。

人生只是時空的過客

我永遠走在沙與泡沫之間，海浪會抹去我的腳印，風會把泡沫吹走，但海洋和沙灘卻永遠存在。

他們在覺醒之時對我說：「你和你的世界，只不過是無邊海洋沙灘上的一粒沙。」

我在夢中對他們說：「我就是那無邊海洋，宇宙是我沙灘的沙粒。」

何謂真人
有真人才能有真知。
古時候的真人失敗不氣餒，成功不驕傲，不謀慮事情；
過了時機而不失悔，順利得當而不自得。
他登高不發抖；
下水不覺濕；
入火不覺熱。
只有知識能到達與道相合的境界才能這樣。
道
生不欣喜，死不拒絕；事情來了欣然接受，不用心智去損害道，不用人為的作為去輔助天然。這就是真人！

顏回坐忘
顏回對孔子說：
我有進步了。
什麼進步？
我忘去禮樂了！
很好，但還不夠。
是。
老師，我又進步了！
什麼進步？
我忘掉仁義了！
很好，但是還不夠。

……
老師，我又進步了！
怎麼進步法？
我坐忘，當下忘我了。
什麼叫坐忘呢？
不用耳目的聰明。忘去形體、忘去心智，使心中空明。萬象生滅，任他去來，這叫坐忘。
很好，讓我也來向你學習吧！
拋開人為的禮樂、仁義，棄絕自我的觀點，心無所繫，把自己完全融入生活的每一個細節裡。

第9章

應帝王

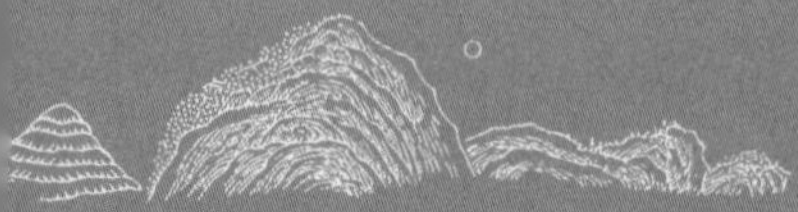

應帝王即是：哪種人應成為帝王？

莊子說：

帝王之德，以天地為根本，
以道德為中心，以無為而治為常規。
帝王無為，則閒暇有餘天下百姓歸順；
帝王有為，為天下竭心盡力但還不足。

宇宙萬物基於道，宇宙萬物渾然為一，無所謂分別和不同，世間的一切變化也都出於自然，人為的因素都是外在附加的。

虛藏則不為人所測，為政也得虛己而順應。

理想的君主，順物自然而無容私，不墮入物我兩分的困境。

因此君主應該以不治為治，聽任自然、順乎民情、行不言之教的人，便能成為帝王，無為而治便是本篇的中心思想。

無為而治

舜問堯說：「請問天子的用心怎麼樣？」

堯回說：「我不輕視窮困無依的人，不捨棄貧窮的人，悲憫死者，勸勉孺子且同情婦女。」

舜說：「好是很好，但仍不足以稱為完善。」

堯問：「那該怎麼做呢？」

舜說：「出天德則天下寧，日月光照而四時運行，好像晝夜有常，雲飄雨降一般。」

堯說：「我是擾擾多事啊！你是冥合於自然，而我只是符合於人事。」

治天下當法天地的自然，不要有心作為，只要無心地順合天地法則就行了。

天道
天道的運行是沒有終止的，所以萬物得以生成；
帝王之道的運行是沒有終止的，所以天下歸心；
聖人之道的運行是沒有終止的，所以四海欽服。
天道運行不輟，自然界中，萬物自動自為。聖人法天道，以明靜之心觀照萬物。

海中鑿河
肩吾去見狂接輿。狂接輿問道：
日中始對你說些什麼呢？
他說：人君要用自己制定的法度儀軌，去治理天下，人民才會歸順感化。
1
那是假理，而不是真理，那樣治天下，就像在海中鑿河……
2
或是像叫蚊子背山一樣，是不會成功的。
3
人為的法理只是「暫時的」使用，或過渡階段的使用。如果要達到太平的理想，必須使用自然的法理，才是大道。

道者萬物之奧。善人之寶，不善人之所保。美言可以市尊，美行可以加人。人之不善，何棄之有？故立天子，置三公，雖有拱璧以先駟馬，不如坐進此道。古之所以貴此道者何？不曰：求以得，有罪以免邪？故為天下貴。
1
道是萬物中最尊貴的。善人用道立身行事，把道看作寶貝；
道
2
生命的法則……
不善的人也不敢違背道，而時時保守著它。
3
善人修道，說出話來都美好感人，能得到別人的尊敬；做出事來都美好感人，可以用來作為別人的法則。不善的人，怎能把道捨棄呢？

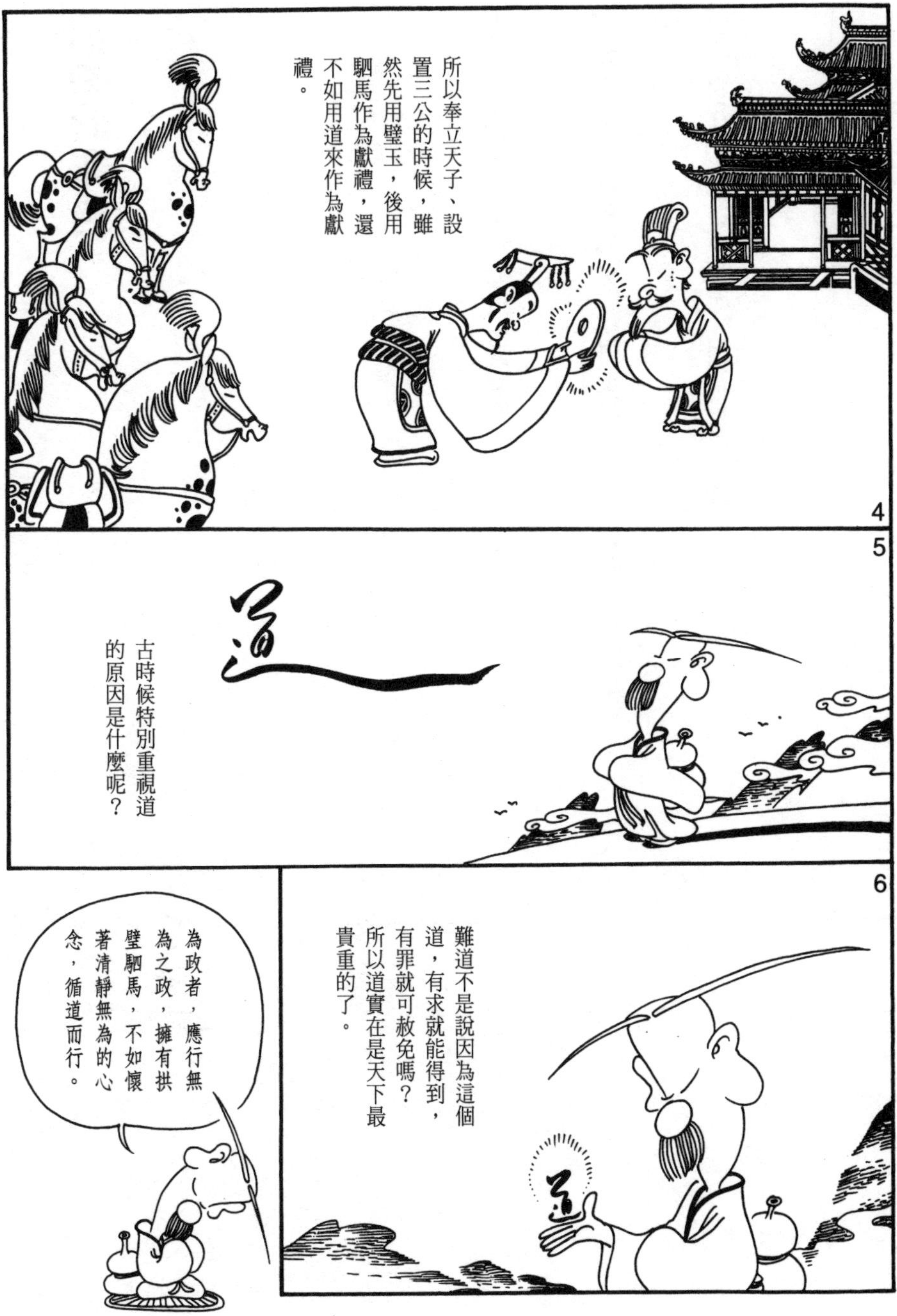
4
所以奉立天子、設置三公的時候，雖然先用璧玉，後用駟馬作為獻禮，還不如用道來作為獻禮。
5
道
古時候特別重視道的原因是什麼呢？
6
難道不是說因為這個道，有求就能得到，有罪就可赦免嗎？所以道實在是天下最貴重的了。
道
為政者，應行無為之政，擁有拱璧駟馬，不如懷著清靜無為的心念，循道而行。

伯樂的罪過

馬蹄可以踐踏霜雪，毛可以抵禦風寒。

牠吃草飲水，舉起腳就能跳得很高，這是自然賦予馬的本性。

如果替牠築個高台或華屋，對牠是沒什麼用的。

但是，自從有了伯樂，情況就變了……

伯樂說：「我最善於訓練馬！」

他燒鐵來烙馬，修剪馬毛，鏟削馬掌，在馬身上烙印。

這樣一來，馬已經死掉十之二三了。

然後為了訓練馬的耐力，用饑、渴來磨練牠。

為了調整馬的速度，便時快時慢來控制牠，用鞭子來催促牠。

馬受了這些折磨以後，又被關在馬廄裡，失去自由，馬就死去一大半了。

無心作為，人民自然感化；清靜不擾，人民自然正當。聖人治人，矯造禮樂仁義，於是虛偽狡詐也跟著出現了。當你以仁義為樂時，它就不是美德了。

活在當下

房子對我說：「不要離開我，因為你的過去就在這裡。」

路對我說：「跟我走，因為我是你的未來。」

我對房子和路說：「我沒有過去，也沒有將來。如果我住下來，我就有過去；如果我走，我就有未來。唯有愛與死才能改變一切。」

握在手上的才切實際
1
一隻熊在溪邊苦等了一天……
2
終於捕到一條小魚。
3
我太小了，根本不夠你塞牙縫。
4
放我回溪中吧，過幾年我就長成一條大魚，那時你再吃我才肥美，也夠你飽餐一頓。
5
你知道我為什麼能長得這麼高壯肥胖嗎？
為什麼？
6
因為我不會為了一個大而無望的機會，而拋掉手上擁有的小利益。
完了……
人多懷念著過去，期盼著將來，並沒有考慮過現在。能掌握目前擁有的，真切地過著現在，才算是體會人生的人。

第10章

《莊子》在說什麼？

莊子是戰國時期道家學派的代表，他繼承老子，與老子並稱「道家之祖」。

莊子在動盪的一生中，看到弱肉強食滿目瘡痍的黑暗社會。

他認為仁義與兼愛帶有巧詐與虛偽。

他主張人應該順從天道，從而與天地相通，而摒棄人為造作。

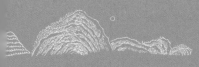

莊子提出如何在這種環境下自在逍遙、養生保全性命，以及為應該如何做一個帝王。

《莊子》一書的內容，主要有以下幾個重點，我將一一說明。

一、道家的宇宙觀

道，是道家學派的由來。道，是宇宙本原，萬物變化的規律。道，是宇宙萬物的本源。道，是一氣的抽象化，具有神祕色彩。道，是無形無象不可捉摸，不可描繪言傳。道，即是一，是事物總體性、同一性。

萬物都是道的變化，無貴賤之分。道使物有盈虛、始終、聚散，而自身卻沒有盈虛、始終、聚散。清心寂神，離形去智，忘卻生死，順應自然，這就叫作道。

天道與人道

什麼叫作道？

道，有天道，有人道。

事事無所作為卻處於崇高地位，就是天道；

事必躬親有所作為而積勞累苦，就是人道。

君王就是天道，臣下就是人道。

天道跟人道比較，相差實在太遠，不能不細加體察。

莊子的「道」是天道，直接師法自然，而不以人為刻意行仁義委曲求全。

道在屎溺
東郭子問莊子說：
你所說的道，究竟在哪裡？
道是無所不在的。
那就請你明指個地方吧！
好。
道就在螻蟻身上。
怎麼會這樣卑下呢？
道就在稊稗小草的裡面。
怎麼越來越卑下了呢？
道就在磚瓦裡面。
怎麼又更卑下了呢？

6
道在屎溺裡。
!
7
嘻嘻，不講話了？
……
8
你問的話，離開大道太遠了。以大道來觀看萬物，萬物沒有貴賤。螻蟻、稊稗、磚瓦、屎溺是一樣的。
道
道
道
道
9
它們如果不合乎道，就根本不能存在，所以我說道無所不在。
!
萬物都是道的變化，無貴賤之分。道使物有盈虛、始終、聚散，而自身卻沒有盈虛、始終、聚散。

黃帝遺失玄珠
1
黃帝來到赤水之北，
登上崑崙山遊玩。
2
返回時，遺失了
大道……
3
他令智慧去尋，
找不著，
4
讓離朱用眼睛尋
找，也找不到……

又叫聲聞去找，也找不到……
無象！你去尋找吧。
是。
最後叫無象去找，才找到。
大道找到了。
奇妙啊！只有無象才能看到大道啊！
道不能用心智、眼睛、耳朵去獲得，要無心無象才能找到大道。因為大道超越了眼、耳、鼻、口、舌、身、意的境界。

聖人安其所安

聖哲之人安於自然，卻不適應人為的擺布；普通人習慣於人為的擺布，卻不安於自然。

莊子說：「瞭解道容易，不去談論卻很困難。瞭解了道卻不妄加談論，這是通往自然的境界；瞭解道卻信口談論，這是走向人為的塵世。古時候的人，體察自然而不追求人為。」

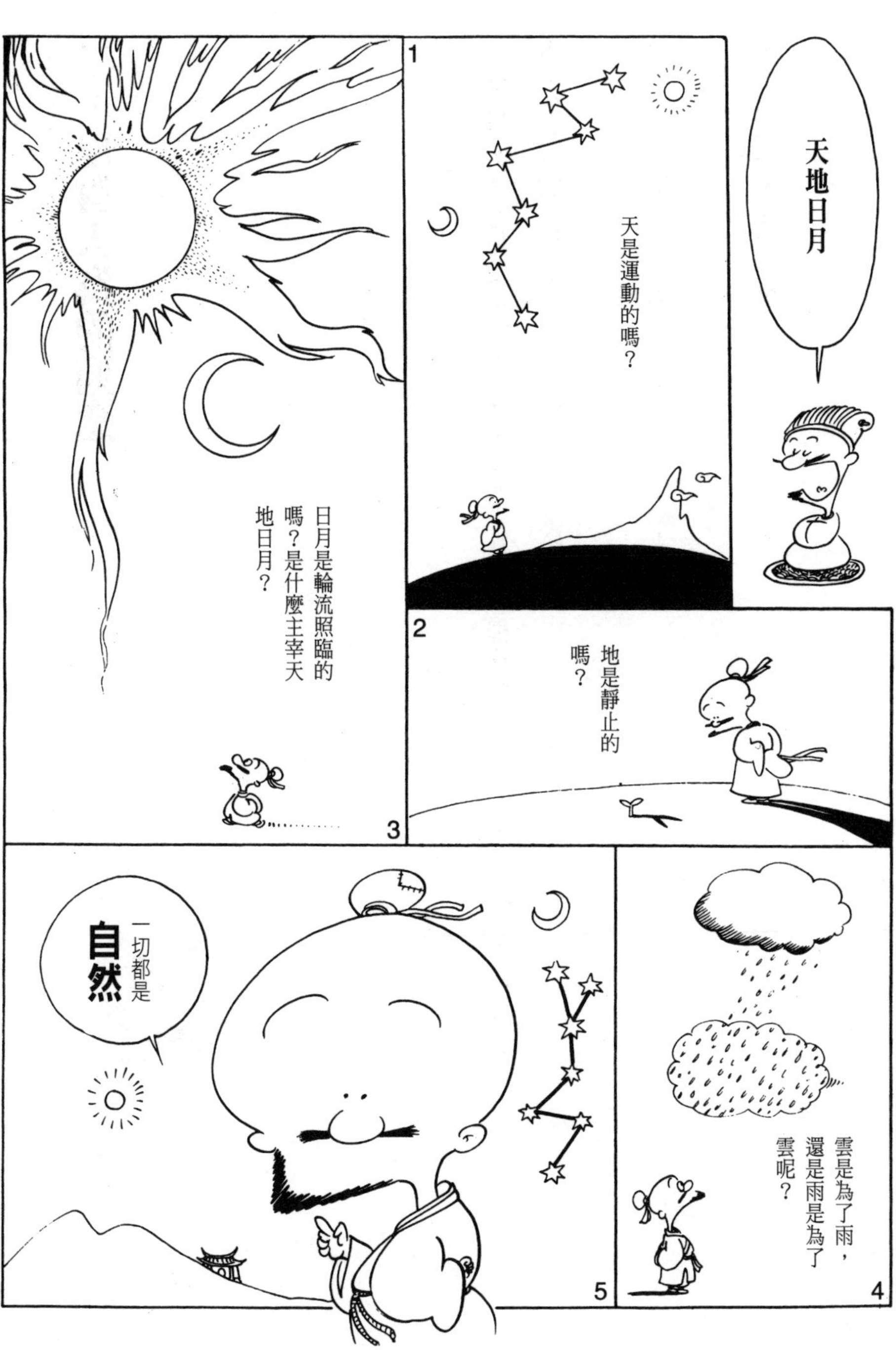
天地日月
天是運動的嗎？
地是靜止的嗎？
日月是輪流照臨的嗎？是什麼主宰天地日月？
雲是為了雨，還是雨是為了雲呢？
一切都是自然

二、反對人為的刻意

天地日月依時運行變化而不居功，任何人為刻意都違反自然，不是出自內心本性的仁義也是刻意的，行為要出自於自然，順乎於道。

魚不能脫離深淵，治國利器不能隨便拿給人看。

世上有巧智，便有詐偽。

世上有仁義，便有以仁義為名的惡行。

竊鉤者，判死刑，竊國者，卻成為諸侯。

聖人不死，大盜不止。

斷絕聖人摒棄智慧，大盜就能中止；

棄擲玉器毀壞珠寶，小的盜賊就會消失；

焚燒符記破毀璽印，百姓就會樸實渾厚；

打破斗斛折斷秤桿，百姓就會沒有爭鬥；

盡毀天下的聖人之法，百姓方才可以談論是非和曲直。

無江海而閒
1
刻意高尚自己的行為，以示和世俗不同；議論唱高調，抨擊社會的黑暗，以示心中的不平，這是憤世嫉俗的人的做法。
2
提倡忠信仁義，恭儉推讓，以便修養自己或教誨別人，這是遊歷各地或在固定地方講學的人的做法。
3
講大功、立大名，定君臣上下的禮節，以治平天下。這是富國強兵、兼併土地的人的做法。

4
在山林有水草的地方，釣魚閒散，為的是放下心裡的羈絆，這是避世討清閒的人的做法。
5
練深呼吸，習體操，學熊掛在樹上，學鳥伸張頭腳，這是磨練身體、想要長壽的人的做法。
6
但是這些做法，都是傷害精神的。
7
有道的人不刻意而自然高尚。不依賴仁義而自然修身。不依賴功名而自然治天下。不依賴江海而自然悠閒。不依賴修鍊而自然長壽。
世俗所依賴的意志、仁義、功名、江海、修鍊，被認為是修身立業之道，但是對於明白道的人來看，這些都是累贅，都是枷鎖。

三、師法天地、順應自然

道家並不是聽任自然，聽天由命。

而是依循自然而為，不染物性，不為物累。

讓人變得淳樸自然，不做惡事，讓人自化自得富足。

當我們瞭解自己短暫的人生，只是偌大宇宙時空的一小塵埃一小剎那。

氣聚則生，氣散則死。

既然生死是氣聚氣散，因而死生齊一，即超脫生死，置死生於度外，安時處順，逍遙自得。

四、無用之用

凡人都只看到事物的表面，道家則會以反面思考。

世人都愛剛強，不知道柔弱的好處。

世人追求有用，不知道無用的妙趣。

好或不好、有用或無用是客觀的，而非事實，無用之用正是虛以待物的體現。

天地不仁，無論我們同不同意，世界只是世界，它不依我們的期待展現。

天地自然施為，沒有好壞善惡分別。

我們站在自己的立場認為好或不好，只是個人主觀想法，而非事實。

青蛙也許叫得比牛響，但牠們不能拉犁，也不會在酒坊牽磨，皮也做不出鞋子。

牛在田裡拉犁，青蛙在池中高唱。各司其職，各有各的作用，這就是自然。

無用的樗樹
惠子對莊子說：我有一棵很大的樹，樹名叫做樗；它的主幹木瘤盤結。
它的小枝，也都凹凸扭曲，完全不合乎繩墨規矩。
這樹就生長在路邊，但從來就沒有木匠去理會它。
現在你講的話就跟這大樹一樣，大而不當，有誰會採信呢？

你沒有看見過狐狸和野貓嗎？為了捕食，東竄西跳，工夫很好。
結果往往中了機關，死在陷阱裡。
至於犛牛身體雖大，像天空垂下來的一塊雲，
但是牠卻不能捉老鼠。

現在你有一棵這樣大的樹而愁它無用，何不把它種在空曠的地方，你就可以很舒適地在樹下盤桓休息。
9

這樹既然無用，自然也就不會有人來砍伐，自然也就不必操心了。
10

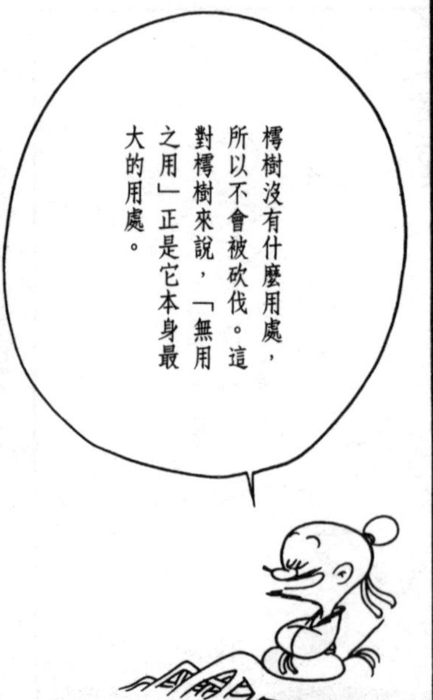
樗樹沒有什麼用處，所以不會被砍伐。這對樗樹來說，「無用之用」正是它本身最大的用處。

越人紋身
有一個宋國人，帶著帽子和衣服到南方的越國去販賣，他以為可以賺到一大筆錢……
來買衣服吧！漂亮又新潮的衣帽！
但是，越人的風俗是：剪斷了頭髮，赤裸著身子，身上刺畫著紋彩，全不穿戴衣帽。
沒有用的衣帽。
有用和無用，有功和無功，都是相對的，不可執著不化。堯舜的有功無功和宋人的衣帽「有用無用」都同樣不是絕對的。
無用
有用

五、忘我忘身

希臘哲學家赫拉克利特說：「一個人不可能踩進同一條河流兩次。」

因為人已不同，水也不一樣了。

今日之我非昔日之我，當下情境非未來情境。

短暫的人生由小到老，沒有一刻是相同的，同樣的，我們所面對的當下也隨時變化。

智者於任何當下都能無我地融入於變化的時空之中。

道德修養高尚的「至人」能夠達到忘身忘我的境界。

精神世界完全超脫物外的「神人」心目中沒有功名和事業。

思想修養臻於完美的「聖人」則從不去追求名譽和地位。

不忘初心

我們處理人生小細節時，每個人都做得很正確。

例如從北京搭高鐵要到上海，由於一時昏沉忘了下車而坐過站，相信每個人都會急忙下車，再搭車回到上海。

然而對於人生這麼大的旅程，往往不是這樣。

例如一個人很會做楊桃汁，也很會賣楊桃汁，生意做得很成功，他樂在工作，日子過得很高興，公司股票上市賺了很多錢。

由於錢太多了，他把錢用來炒股票，也跨行做房地產生意。

但由於不在行，破產欠了一屁股債，最後連楊桃汁也沒得賣。

這便是莊子所說的「邯鄲學步」，忘了自己的初衷，乃至身敗名裂。

邯鄲學步
燕國的一個小孩，到趙國的都城邯鄲去學習邯鄲人的步法！
?
但是，他非但沒有學會邯鄲人的步法，反而把自己原來走路的步法忘掉了。
哇！我不會走路了！
因此，他只好爬著回家。
讀書的人原來是為了追求大道，恢復自然的本性，但是久而久之，就迷失在書城裡面，走都走不出來了。

六、道存則隱，道廢則現

很多人誤以為：道家「守弱、無為、無用、居下」是鼓勵消極退世，無所作為。

其實剛剛相反，無為並不是無所作為，而是循道而作，師法天地而為。

無為是不為個人一己的目的而為，無為才是有為的極致。

以我自己為例：諸子百家中，我最像道家了。

像莊子腰綁草繩、腳穿草鞋一樣，我吃簡單的食物，穿破衣破鞋，背破背包而不以為忤。

不把名利和衣食住行當一回事，置心於一處，完成自己的想望。

我沒有手機，為的是不讓別人打斷我的時間。我沒手錶，為的是不讓自己打斷時間。

我喜歡孤獨，也很享受孤寂。

曾經連續五十八個鐘頭坐桌前，獨力完成一個四分鐘的電視動畫片頭。

也曾經連續四十二天沒打開門，關在屋內為了研究高等數學。

曾花十年又四十天閉關，研究宇宙物理。

花這麼長的時間樂此不疲，不為名利，只為了興趣。

聽任自己的心，投入自己的焦點，做最喜歡的事物。這時便能不累、不餓、不睏、不病、不死。

不需要努力、毅力支撐，跟為目的而為的努力屬於不同境界。

為目的而為的，當目的達成之後，他便停止努力了。

對我而言，為考試苦讀、為文憑讀書的不叫積極。那是為了換取某種目的，用毅力強迫自己的非自然行為，而不是真正愛讀書。

人生有如爬山，有的人刻苦自己努力爬山，只為了抵達山頂。

道家不在意山頂，他們欣賞沿路風景。

邦有道則智，邦無道則愚

孔子讚美蘧伯玉說：「蘧伯玉可算是君子啊！國家清明時，他就出來做官；政治昏亂時，就收藏起自己的才能隱退。」

儒家鼓勵大家邦有道時，出來做事，邦無道時，隱居以避免遭受禍害。

道家剛好相反，主張「道存則隱，道廢則現」。

當天下有道則隱，天下混亂則出來維持正義，天下太平之後，功成弗居，不為物累，超然隱退。不以一己的利益為考量，而是以全天下的利益為利益。

孫武、范蠡、張良等人，都基於「道廢則現」挺身而出，並能適時功成身退，展現「道存則隱」的道家精神，也因而保全了自己。

儒家鼓勵刻苦學習，成為一個學有專精的君子，然後當官做事，一步步成就自己。

道家反對為了個人短暫的世間名利，違背自己的心意委曲求全。

道家智者的行為通常不是為個人利益考量，而是為了天下。

何必曰楚

《呂氏春秋》有一則「何必曰楚」的故事，剛好說明一般人、儒家、道家三種不同境界：

有一天，楚王打獵時丟掉了一把弓，手下到處去尋找。

楚王說：「不用找了，『楚人失弓，楚人得之』，何必尋找呢？」

孔子聽了這事，說：「楚王心胸不大，他應該說：『人失弓，人得之。』何必非要楚人撿到不可呢？」

老子聽到這事，說：「連人也應去掉，『失弓，得之』，對於全宇宙而言，弓不失也不得。」

一般人以自身利益作為考量，孔子以全天下人的利益為利益，老子則以全宇宙的觀點看待事物。

逐利之夫
名利
1
宋人曹商出使秦國，秦王喜歡他，賜他車輛百乘。
2
住陋巷，織履為生，餓得頸枯面黃，這不是我的專長。若開悟萬乘君主而得車百乘，這是我的長處。
3
秦王有病召醫，能夠使他的毒瘡潰散的，可獲得車輛一乘……
4
舔好痔瘡的可獲得車輛五乘，所醫治的越卑下，所得的車輛越多。
5
你難道是醫治秦王的痔瘡？為什麼得到這麼多車輛？
為求名利外物，人往往會違背自己的本性去做卑下低賤的事。君子恬淡致遠，有所為，也有所不為！

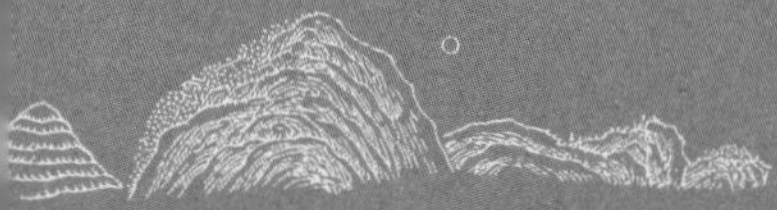

第 II 章

人生大問

老子說：「天大，地大，人也大。宇宙四大，人居其一。」

宇宙有四大，而人居其一。

我們有幸來此一輩子，有多少人在人生之初就想清楚這輩子要怎麼走？要怎麼過？在人生終點之前要完成什麼？

我們對於人生小事，都做得不錯，每個人能準確評估自己口袋裡的籌碼，然後依照能力完成自己的想望。

然而對於自己的一生，卻很少有人事先評估自己，再運籌帷幄決戰於千里之外。

大多數人都沒反躬自省，先瞭解自己的才華與最愛，然後決定如何走自己的一生。

而是一味地向別人看齊，隨波逐流，走上一條不適合自己的人生之道。

人生的兩張寶藏圖

人生有物質與精神兩條路，我們可以選擇走自己的路，自在自主的精神自由；也可以選擇滿足物質名利的追求。

每個人來到這世上，都擁有兩張寶藏圖，一張是完成內在的夢想，另一張則是追求外在的名利。

如果依第一張寶藏圖慢慢往上前進，抵達到高處，雖然不見得會得到名利，但會看到不同的世間美景。

若是依第二張寶藏圖往下深挖，或許真的會挖到寶藏，但自己再也無法爬出挖到名利的地底。

名利的寶藏圖只指出找到寶藏的路徑，而沒注明從名利中脫困的方法。

世人認為我瘋了，因為我不肯切割生命去換金錢；我認為世人瘋了，因為他們以為生命是可以估價的。

知而知之，不知為不知

「拉比！什麼是世界上最小的物質？」

「抱歉，我不知道。」

「拉比！世界上什麼東西最長？」

「抱歉，這我也不知道。」

「拉比！世界是什麼所構成的？」

「抱歉，這我實在不知道。」

學生失望的說：「唉！今天什麼都沒學到……」

拉比說：「不不不！你今天學到一個非常重要的教訓。」

學生說：「我學到了什麼？」

拉比說：「學到不知道時，要說不知道！」

知識是前人的智慧，人的第一個智慧是：自知自己的知，也清楚自己的不知。

王倪知道不知道
齧缺問王倪說：
你知道萬物的知識，有共同的標準嗎？
我怎麼知道呢？
真是失望啊……
你何必失望呢？
你怎麼知道我所說的「知」不是「不知」呢？你又怎麼知道我所說的「不知」便是「知」呢？
我且問你，人睡在潮濕的地方，會得到關節炎，泥鰍會這樣嗎？
人住在高樹上就會害怕……
猴子會這樣嗎？

8
人、泥鰍、猴子住的地方都不一樣，那你說什麼才是標準呢？
9
的確！大家的標準都不同……
就是這樣啊！
10
人喜歡吃肉，
鹿喜歡吃草，
蜈蚣喜歡吃蛇，
烏鴉喜歡吃老鼠。
11
這四種動物口味不同，誰知道哪個口味是標準呢？
萬物的知識，標準不一，所以人為的標準不是「唯一」、「絕對」的標準。如果誤把「相對」當成「絕對」，那便離大道太遠了。

非關數學

智者教弟子數學減法。

智者問：「我有十個包子，你吃了八個，得到的結果是什麼？」

弟子說：「我會被罰跪。」

生命智慧的數學

智者從懷裡拿出三顆水蜜桃放到桌上，對弟子說：「你吃一顆水蜜桃。」

弟子吃了一顆水蜜桃。

智者說：「現在屋子裡還有幾顆水蜜桃？」

弟子說：「還是三顆水蜜桃。」

智者說：「三顆被你吃掉了一顆，怎麼還是三顆呢？」

弟子說：「兩顆在桌上，一顆在我的肚子裡。」

水蜜桃的滋味

智者從懷裡拿出三顆水蜜桃，對弟子說：「你吃一顆水蜜桃。」

弟子吃了一顆水蜜桃，然後擦擦嘴說：「味道還行！」

智者說：「到廣場跑三圈。」

弟子說：「行！」

弟子跑三圈又回來。

智者說：「現在再吃一顆水蜜桃。」

弟子吃了第二顆水蜜桃說：「味道美味極了！」

智者說：「再跑天王殿廣場二十圈。」

弟子說：「行！」

弟子又跑了二十圈，跑回來已經滿身大汗。

智者說：「現在吃最後一顆水蜜桃。」

弟子吃了最後一顆水蜜桃說：「味道香甜，又多汁！」

智者說：「三顆一樣的水蜜桃，卻吃出三種不一樣的味道，不同的是我們的心，而不是水蜜桃。」

至仁無親

宋國的太宰蕩向莊子請教仁愛的問題。

莊子說：「虎和狼也有仁愛。」

太宰蕩說：「這是說什麼呢？」

莊子說：「虎狼也能父子相互親愛，為什麼不能叫作仁呢？」

太宰蕩又問：「什麼是最高境界的仁？」

莊子說：「最高境界的仁就是沒有親。」

太宰蕩說：「我聽說，沒有親就不會有愛，沒有愛就不會有孝，說最高境界的仁就是不孝，可以嗎？」

莊子說：「不是這樣。最高境界的仁實在值得推崇，孝本來就不足以說明它。這並不是要責備行孝，而是不涉及行孝的言論。」

不以己善示人

有一個江洋大盜走到聖人面前跪下，痛哭失聲的說：「我大惡不赦。」

「我也是。」聖人回答說。

「我造惡多端。」

「我也是。」

「我殺人無數。」

「我也是。」

江洋大盜突然大笑狂奔，跑了很遠很遠，然後回頭向聖人大喊：「我放下屠刀，改過自新啦！」

聖人高聲地回答說：「我也是！」

真正聖人不以為自己是聖人，他們從不以己善示人。

人一生都不免做過錯事，聖人與惡人的差別，只在於放下屠刀，改過自新的日子。

兩種觀點
有一個宋國人。帶著帽子和衣服到南方的越國去販賣，他以為可以大賺一筆……
買衣帽哦！漂亮又新潮的衣帽呀！
但是，越人的風俗是留短頭髮，紋身赤裸著胸膛，全不穿戴衣帽。
於是，他寫信給他的老婆說：
很慘，這兒的人全都赤身不穿戴衣帽，我馬上回去……
又有一鄭國人，也同樣帶著衣帽來到越國做生意……

相同的狀況，
悲觀和樂觀的看法卻是兩極。
事情沒有絕對的好、壞、善、惡，
要怎麼想，要怎麼做，完全在於自己！

跋

逍遙於天地間的人生

「什麼樣的人叫不醒？」

「裝睡的人，才叫不醒。」

自己什麼都沒做，卻期待好運會來臨，這樣的人就是裝睡！

因為他自己也很清楚，無所事事走在大街上，唯一會掉下來的只有招牌，不會有天賜的好運掉下來。

《莊子》裡有一則境界很美的寓言「莊周夢見蝴蝶」：

那麼，究竟是莊周做夢變成蝴蝶？還是蝴蝶做夢變成莊周？

人的一生，可以是自由翱翔於天地間的蝴蝶，也可能是不能蛻變成蝶的蛹。

我們可以從夢中醒覺，走自己的路，用行動完成夢想。
也可能裝睡一輩子，永遠只是一隻夢中蝴蝶。
端看我們自己怎麼想、怎麼做。

最近我從網路媒體看了一篇報導：
今年江蘇高考以「綠色生活」命題的作文中，一名考生就以這樣通篇駢體古文的方式完成，全篇奇文如文：

呱呱小兒，但飲牛湩，至於弱冠，不明犍狀。仳仳之豚，日食其豝，洎其成立，未識豣豭。每翻毚臑，然竟不知其夋兔。方彼之時，窋詫之態，非闠闠之中所得見也。今北方久熰，瀵氿毿習，坌坲坲，燾天幠日。土地皸崩，鏬可容人。南疆霶霈，洚水肆虐，當此之滈，茅舍盡走。欲苦不能，啼口立啾啾。凡此異態，非天之咎。君不見齗梗焚樟，岵之為屺，睇眄之下，萬山盡屼，百尺篔簹，化為竹著。於彼幼蛇，匌不盈寸，巴蛇王虺，盡化柈饈。蓘氣烰烰，上格瑤池，貧地徠賈，以豐其貲。然千丈方圓，萊菔不生，九天之上，星河不見。嗚呼！漫山設帿，遍地盡罘。此天災也？人禍也！河海黟然，濁水仍傾，此天災也？人禍也！斲木剿竹，彍弮待獸，以至鹿不得走，罼不得飛，蟻不得窖，髬髵不見。此天災也？人禍也！翕合沴氣，終日涽涽。天不復藍，水不復清。未有烏雲，天何暝暝？赤烏既出，焜耀無複。看天下，烏飛不下，鮮見狉狉，當此之時，何處貣青天？所幸者，人知之也，人更之也。然，上作網法，下偵幾何未可知也。

今天下多災。北國井采，陣主複至，當與孔張俱殁。南域之霖，大禹洊存，只得扼腕而歎息。人不咎己而咎旱魃，不誚己而諑共工。未之可也。闤闠所趨，不可悻悻。當思子孫後代，人已知之。然行之效，則體蹽廟堂者思之，娗嫈之徒，棄不媢嫪，國之大蠹，捐而必究。

吾所思者，河泮水墺，楊槐蓁蓁，町疃，柳榆其秝。苾蕟柅柅遊屮葳蕤，見柳而人不攡，視草而眾不躪，日駕雙軑之車，斐斐閭巷之間，目不復睺，鼻不再齅，鳥不驚人，鮒遊沴然。

人者，天地孕育。今其反萬物，此獍也。今其不宜睍睍，遺禍搙孫，當修長遠之道以藾萬世。今吾執筆於此，所思者，舍旁早蟠一株，今當唪唪，敧枝水上，當複駕舴艋，掠其落桃，投於苙。坐銀杏樹下，觀兒童嬉於樹下，延於磚祴，搤腕而惜水中未置菱藕幾株。煥熱之時，而可摘菱冣菂，爇之為饘，以奉親房。

閱卷老師讀到此文時，提交專家組。南京市語文基礎知識閱卷組組長、古典文獻學專家吳新江看完全篇後，寫了四頁白話翻譯：

呱呱墜地的小孩，只知道喝牛奶；到二十歲，還不知道牛的樣子。幼小的豬，小孩每天都吃牠的肉；等到成年，也不能分辨豬的公母。人們常常啃吃野兔腿，然而最終卻不知道狡兔有三窟。在那個時候，兔子從洞穴裡出來的神態，不是在街市之中所能夠看見的。

現今北方久旱，泉涸井枯，塵埃飄拂，遮天蔽日。土地乾裂，縫隙大可容人。南疆大雨滂沱，洪水肆虐。遇到這樣的水災，草舍都被沖走。想修繕而不能，人們只能啾啾地啼哭。凡是這樣的異象，並非上天的罪過。

你難道看不見砍伐樹木焚毀森林，草木蔥鬱的山變得荒蕪。極目遠望，萬山都光禿禿的。百尺高的竹子，都做成了竹筷子。對於那些小蛇，粗不足一寸，劇毒蛇王，都成為盤中美味。工廠黑色的廢氣蒸騰上升，上達瑤池。貧窮之地招來商賈，以增加他們的財富。然而方圓千丈之內，連蘿蔔都不能生長，九天之上，星河也不能看見。

唉！人們漫山遍野地設下捕獸的機關和抓兔子的網。這是天災嗎？是人禍啊！河海裡的水已變得漆黑，各種廢水還在不斷向其中排放。這是天災嗎？是人禍啊！砍木伐竹，張弓等獸，以致鹿不能奔跑，鳥不能自由飛翔，螞蟻不能群居，野獸鬃毛豎起也不能看見。這是天災嗎？是人禍啊！

人們呼吸著濁氣，整天昏昏沉沉。天不再藍，水不再清澈。沒有烏雲，天空為何陰沉？旭日升起，太陽光彩明亮的樣子也不復存在。看人間，鳥飛而不敢落下，很少能看見野獸成群奔跑，在這樣的時候，到哪裡去能乞求到青天？

慶幸的是人知道這種災難，人能夠改變這樣的狀況。然而，國家制定法令，民眾有幾個能遵守執行，就無法知道了。

現在天下多災多難。北國井枯，即使陳後主再次到來，也只當與姓孔與姓張的兩個妃子一齊死在井底；南疆大水，即使大禹還活著，也只能扼腕嘆息。

人們不歸罪於自己而怪罪於造成旱災的鬼怪，不責備自己卻責備共工。不可這樣做啊！城市的發展不能急功近利，應當考慮到子孫後代。人們已經知道後果的嚴重性。然而厲行改變，則是那些當權者要思考的。阿諛奉承的小人，捨棄而不要憐惜；國家的蛀蟲，捨棄而必定要追究。

我所夢想的是，河流邊上，楊槐青翠叢雜，舍邊空地上，柳樹榆樹稀疏而均勻地排列著。芳香的蘭花和野草長得十分茂盛。看見柳枝，但人們不去折斷它；看到草坪，但眾人不去踐踏。在街巷之間徘徊散步，眼睛不再迷茫，鼻子不再堵塞，鳥悠適而不怕人，鯽魚偶爾被水邊的動靜驚走。

人是天地所生，現在反而殘害萬物，這如同是生下來就吃母親的野獸。現在不應當目光短淺，遺禍子孫。應當做長遠之計來福蔭萬代。

今天我執筆於此，所想的是，屋旁長有早蟠桃一株，如今應果實累累。桃樹的枝椏斜伸向水面，我想再駕小舟，拾起它落入水中的桃子，扔進豬圈。坐在銀杏樹下，觀看兒童在樹下嬉戲，在磚鋪的小道上閒適地散步。扼腕嘆惜水中沒有種植菱藕幾株。夏天炎熱的時候，就可以摘菱聚蓮，燒煮成黏稠的粥，侍奉親長。

蘇州當地媒體急尋這名「古文奇才」，這位學子終於露面。是江蘇如皋中學高三（十二）班的學生，名為王雲飛，家住如皋下原鎮一個叫文莊村的地方，其父母都是農民。

而且，他還是一名理科生，從他的高考成績看，其總分已經超過了一般分數線。

王雲飛說：「我平時就對古文比較感興趣，先後自購了《史記》和《尚書》，曾經把《資治通鑑》翻爛，此前在多次考試中還嘗試寫過武俠小說、文言文小故事等。」

王雲飛說：「高考前一天晚上，我還跟媽媽說，我要冒險了，我要寫文言文。我覺得寫得還不錯，但心裡也沒底。不知道閱卷老師看了怎麼想。」

一位閱卷老師表示：「這位考生此方面造詣相當深，不僅會用古字，而且用得很得體，能在考場上短時間裡活用古字，說明他已純熟於心。此外，這篇作文也很有思想，他從歷史發展角度來說明現在環境遭破壞，幻想能回到農耕時代，寫得相當不錯。專家一致認同給他打了高分。」

看完整篇報導，我個人有幾個感觸：

首先，這篇文章寫得非常莊子，也很契合道家思想所推行的理念，人忘記自己是大自然的一分子，為了自身利益摧毀大自然，終有一天會被大自然摧毀。

打從工業革命開始，人類的貪欲造成地球生態嚴重破壞，在環保意識高漲的今天，大家更應該推行老莊思想。

接著是：王雲飛同學知道自己喜歡什麼，也一頭埋入自己的摯愛，翻爛《資治通鑑》。在理工科之外行有餘力，練就一身工夫成為古文奇才。並大膽地敢在於攸關前程的高考作文，寫出可能不被認同的冷僻文言文。

從這件事可證明一個事實：一個對自己充滿自信的人，總是敢勇於挑戰。

如果王同學確信自己是十三億人當中，文言文第一，那麼大可不必在意自己有沒有北大清大文憑，而要自知通過自己獨特的才華能做出什麼，達到什麼成就，例如：全球有三億人以上會講英文，所以會講英文並不是才能。會英文又會中文，並精通教學技巧，三種才能合在一起才是某一領域的才能，便能發揮自己。

以我自己為例：會畫漫畫算不算才能？光會畫漫畫不是才華！有百分之九十九的漫畫家還餓肚子呢。要會畫漫畫，還要懂哲學和以圖像表達故事的能力，才能出版漫畫諸子百家系列。

只有一種才華，沒有其他相關才華搭配，很可能反而害了自己。

戰國時代，韓非子是法家代表，他所寫的法家著作精闢非凡。他知道說服君主很難，加上韓非子口吃，缺乏語言表達能力。

他帶著自己的著作到秦國說服秦王不成，自己反而被殺害了。

以王雲飛同學為例，王同學文言文很好還不夠，還需要白話文也寫得非常簡潔精闢，如同剪刀的兩個尖端都很利，合起來才能發揮大用。

人活在世上，如何行為處事？

儒家的的觀點是：先瞭解人生不同地位的五倫關係，通過學習修養自己成為有為君子，學而優則仕，然後到社會上發揮自己的才能，因此要做好忠、悌、孝、信、義。在人生不同階段，達成與人和諧相處的關係。

道家的觀點是：先瞭解人與天地宇宙的關係，然後往內觀想，審核自己的能力與興趣，師法自然，順應天地，做最好的自己。

其實人生在世，要自在逍遙於天地間並不難：首先不要理會別人擁有什麼，而是要先想清楚我們這輩子，要換取什麼？直到人生最終那一刻，我們要達到什麼目的？

人生而不平等，每個人的條件不同，每個人得先量量自己口袋裡的籌碼，尋找自己的天堂，把自己擺在對的位置上。

人生的問題其實很簡單，首先要完全瞭解自己，然後做到以下三個步驟：

一、選擇自己最拿手、最喜歡的事物，然後把它做到極致。如能達到這樣，無論我們做什麼，沒有不成功！

二、當我們做出來的效率比自己所期待的還快，就會更快；效果比自己所期待的還好，就會更好。如此一來便能越做越快，越做越好。

三、於是所完成的東西便能達到：成本最低、效率最高、品質最好。

如能達到以上三點，無論我們從事哪一行，同行之中便再也找不到競爭者了。

看完這本書，套用莊子說過的一句話做結束：

莊子說：「我一輩子說了很多話，但其實我什麼都沒說！」

一個人無論一生看過多少書、聽過多少聖賢話語，不管真正懂得多少，最關鍵的重點在於：從此我們自己清楚該怎麼走，知道這輩子該怎麼做！

我曾對小溪談到大海，小溪認為我是個幻想的誇張者；

我也曾對大海談到小溪，大海認為我是個低估的誹謗者。

蔡志忠作品
莊子解密

作者：蔡志忠
責任編輯：鍾宜君
編輯協力：吳巧亮
美術編輯：張士勇
校對：呂佳真
法律顧問：董安丹律師、顧慕堯律師
出版者：大塊文化出版股份有限公司
台北市105022南京東路四段25號11樓
www.locuspublishing.com

讀者服務專線：0800-006689
TEL：(02) 87123898 FAX：(02) 87123897
郵撥帳號：18955675　戶名：大塊文化出版股份有限公司

總經銷：大和書報圖書股份有限公司
地址：新北市新莊區五工五路2號
TEL：(02) 89902588（代表號）　FAX：(02) 22901658
製版：瑞豐實業股份有限公司

初版一刷：2016年1月
初版八刷：2024年5月
定價：新台幣250元
Printed in Taiwan
ISBN：978-986-213-665-2

國家圖書館出版品預行編目(CIP)資料

莊子解密 / 蔡志忠作. -- 初版. --
臺北市：大塊文化, 2016.01
面； 公分. -- (蔡志忠作品)
ISBN 978-986-213-665-2(平裝)

1.莊子 2.研究考訂

121.337　104022182